Günter Gerke

# Bielefeld – so wie es war 3

Günter Gerke

# BIELEFELD

## so wie es war 3

Droste Verlag Düsseldorf

Redaktion und Layout: Kitty Rehmer

Gesamtherstellung: Rheinisch-Bergische Druckerei
GmbH & Co. KG, Düsseldorf
ISBN 3 7700 0459 0

*Die lateinische Inschrift eines im Krieg zerstörten Epitaphs an der nördlichen Chorwand der Altstadter Kirche besagte, daß hier – zusammen mit seiner Gattin Elisabet Hocker – Joanes Burggreve der Ältere ruht, »der es für das größte Unglück seines Lebens hielt, daß er zum Bürgermeister dieser Gemeinde gewählt wurde«. Er starb »im Jahre des Heils 1590 am 20. Oktober«, während seine Ehegefährtin schon am 13. November 1577 in Christo entschlafen war*

Verborgen hinter Rhododendronbüschen, schlicht und schmucklos, wie es Bielefelder Art ist, erinnert eine Steintafel an ein Epitaph, das vor der Zerstörung im Krieg die nördliche Chorwand der Altstädter Kirche zierte.

Johannes Burggreve der Ältere, einer aus jener Dynastie, die im Laufe von zwei Jahrhunderten sieben Bielefelder Bürgermeister stellte, was fast den Verdacht nahelegt, daß Kommunalpolitik erblich ist, bestimmte, bevor er am 20. Oktober im Jahre des Heils 1590 für immer die Augen schloß, der Steinmetz solle späteren Generationen zur Kenntnis geben, daß er es »für das größte Unglück seines Lebens hielt, zum Bürgermeister dieser Gemeinde gewählt worden zu sein«.

Viele Historiker haben an diesem Spruch herumgerätselt, aber keiner hat bisher herausgefunden, weshalb es dem Bürgermeister soviel Verdruß bereitet hat, an der Spitze dieser Stadt zu stehen.

Er sei »wohl nicht auf Rosen gebettet« gewesen, heißt es in einer Chronik der Altstädter Kirche, aber wer ist das – genaugenommen – schon. Möglich, daß Bielefeld damals, obwohl noch keine Autolawinen durch die holprigen Straßen rollten, alles andere als eine »freundliche Stadt am Teutoburger Wald« war. Vielleicht gab es auch Ärger mit der »Aufsichtsbehörde«, die ausschließlich aus der Person des Landesherrn bestand, der den Bürgermeister Bielefelds mitunter nach Gutdünken in sein Amt einsetzte, selbst gegen die Wünsche des Rates.

Verwunderlich wäre es auch nicht, wenn Johannes Burggreve der Ältere seine liebe Last mit den Nachwehen der ersten Bielefelder Gebietsreform gehabt hätte, durch die bekanntlich 1520 die Neustadt mit der Altstadt vereinigt worden war. Ganz koscher und fair, wie beim gleichberechtigten Zusammenschluß von Stadt und Kreis Bielefeld 453 Jahre später, war es seinerzeit nämlich nicht zugegangen, denn ehe die beiden, durch das sumpfige Hagenbrock (Hagenbruchstraße) getrennten Teile Bielefelds vereinigt wurden, hatten die Altstädter durch schamlose Heraufsetzung des Ratsaufnahmegeldes zu verhindern gewußt, daß die armen Schlukker von jenseits des Baches, die Ludeke Vilthaet, Nolte Vleyschouvere, Johann Hackensmed, Albert Klossenmaker und Bernd de Scrodere, allesamt Handwerksmeister, im Rat der Stadt zuviel Einfluß gewannen: Die damaligen »Neubürger« bekamen jedenfalls nur drei von zwölf Sitzen im Rat, was allerdings nach der Einwohnerzahl auch gerecht gewesen sein dürfte.

Sicherlich hat die Tatsache, daß seit der 1541 in Bielefeld erfolgten Einführung der Reformation ein tiefer Riß durch die Einwohnerschaft der Stadt ging, ebenfalls einiges dazu beigetragen, daß Johannes Burggreve Verdruß im Amt verspürte, denn es gab auch gegenreformatorische Strömungen, und die Tage, an denen auf der Sparrenburg die Wiedertäufer aus Münster in einem Käfig zur Schau gestellt wurden und ein Franziskaner nach einer scharfen Predigt gegen die Ketzer nur mit Mühe vom Magistrat davor bewahrt werden konnte, daß ihn die aufgebrachte Gemeinde beim Verlassen der Neustädter Marienkirche mit Steinen bewarf, waren gar nicht so lange her.

*Die Goldstraße mit den beiden Häusern Nr. 7 und 9 (Bildmitte), die Geschäftsneubauten weichen mußten (1950)*

Im Grunde aber hätte Johannes Burggreve froh sein können, daß der Rat der Stadt noch nichts mit »Transparenz« zu tun hatte, denn Zeitungen, die ihm auf die Finger schauten gab es genausowenig wie Karnickelzuchtvereine, bei denen er Grußworte zu sprechen hatte. Kommunalpolitik war zu seiner Zeit eine »geheime Kommandosache«, denn die Ratswahlurkunde von 1520, die das Wahlverfahren im einzelnen beschreibt, blieb das ganze Jahr über unter Verschluß und wurde nur kurz vor der Wahl – »wan das nodych is«, das heißt: rechtlich notwendig ist – am ersten Werktag nach Neujahr verlesen, basta.

Die damaligen Ratsherren, die sich aus den reichen Kaufmannsfamilien zu rekrutieren pflegten, holten zwar häufig vor wichtigen Entschlüssen die Meinung der Bürger, vornehmlich der Ämterdechen, aber auch eines Zwölfer-Gremiums ein, aber man kennt das ja bis auf den heutigen Tag: zu entscheiden gab es für die Bürger meistens rein gar nichts. Sie hätten sich nicht einmal erdreisten dürfen, eine Bürgerinitiative ins Leben zu rufen.

Johannes Burggreves spätere Nachfolger im Amt, die Oberbürgermeister unserer Tage, würden da schon eher manchen Grund haben, ein ähnlich trübsinniges, in Stein gehauenes Bekenntnis der staunenden Nachwelt zu vermachen, aber auf diese Idee ist bisher keiner gekommen, was aber nicht ausschließt, daß zumindest zwei derjenigen, die nach dem zweiten Weltkrieg als Oberbürgermeister Verantwortung im Rathaus übernahmen, dann und wann im stillen Kämmerlein den Tag verflucht haben mögen, an dem sie sich auf ein solches Geschäft einließen. Von ihnen wird in diesem Buch noch die Rede sein.

Soviel ist sicher: Niemals zuvor in ihrer über 750jährigen Geschichte hat die Stadt ihr Gesicht so gewandelt wie gerade in den drei Jahrzehnten nach dem Krieg. Dabei ist nicht ganz erwiesen, ob die Bomben mehr Substanz von »Bielefeld – so wie es war« ausgelöscht haben als die Autoflut, die mit dem wirtschaftlichen Aufschwung auch in die Stadt schwappte und vieles fortspülte, was einst zum historischen Bild dieser Stadt gehörte.

Manches jedenfalls, was da mit den Jahren nach dem Motto »Planieren statt Sanieren« von der Bildfläche verschwand, wäre sicher aus heutiger Sicht noch erhaltenswert gewesen. Aber die Zeit war wahrscheinlich noch nicht reif für solche Überlegungen. Die Menschen wollten nach all dem Schrecklichen, das hinter ihnen lag, das Vergangene vergessen und ganz neu anfangen, ohne Bindungen, aus eigener Kraft, was sowohl zu verstehen als auch zu bedauern ist.

Manchmal möchte man wünschen, daß die Bürgerinitiativen, die heute dem Rat der Stadt das Leben schwermachen und die gleichwohl das große Verdienst für sich in Anspruch nehmen können, daß die Ravensberger Spinnerei vor der Vernichtung und die schönen Fachwerkhäuser am Schildescher Kirchplatz vor der Veränderung bewahrt bleiben, schon viel früher Einspruch gegen den Übermut der Planer eingelegt hätten.

Für ein Beispiel, wie man es eigentlich nicht machen sollte, sorgte der Rat der Stadt in den frühen fünfziger Jahren im eigenen Haus, indem er den aus der Kaiserzeit, kurz nach der Jahrhundertwende, stammenden Sitzungssaal im Rathaus umgestalten ließ. 120 000 DM, damals eine Menge Geld, war es ihm immerhin wert, die Akustik zu verbessern, die Sitzordnung um neunzig Grad zu drehen und zwei Türen für einen eventuellen Hammelsprung (den es niemals gab) in die Wand zu brechen und für mehr Zuhörerplätze zu sorgen. Ein Lehrstuhlinhaber für Instrumentenkunde an der Detmolder Musikakademie wurde eigens bemüht, die komplizierten Schallverhältnisse zu untersuchen, und als er mit seiner Arbeit fertig war, hatte Bielefeld einen Ratssitzungssaal mit Holzwänden, die geriffelt sind wie ein Waschbrett – anstelle von bombastischen Stuckwerk an Decken und Wänden, würdigen Pilastern, verschnörkelten Goldbronzevoluten, Gipsbüsten und markigen Wandsprüchen. Angemerkt muß allerdings werden, daß die Zuhörer vor dem Umbau auf einem Balkon, einer Art »Hahnenbalkon«, sitzen mußten, was dem Rat als unwürdig erschien.

Als die Fröbelschule im Frühjahr 1977 ihr 75jähriges Bestehen feierte, war man froh, daß hinter Holzfaserplatten die

alten, aus eben jener Zeit stammenden Wandverzierungen rein zufällig freigelegt und farbig neugestaltet werden konnten. So ändert sich die Einstellung zu den Dingen. Sicher würde der Rat der siebziger Jahre den Ratssitzungssaal in seiner historischen Form bei allen möglichen Anlässen stolz vorzeigen und dafür seine Sitzungen lieber in einem anderen Raum abhalten.
Alt-Bielefelds letzte Stunde schlug buchstäblich auf Raten. Es war kein Nacht-und-Nebel-Einsatz, bei dem die letzten Fachwerkhäuser auf einen Schlag dem Bagger überantwortet wurden, sondern ein langsamer, aber unaufhaltsam erscheinender Prozeß. Und jedesmal, wenn einer der steinernen Zeugen, die oft lange auf der schwarzen Liste standen, abgebrochen wurde, war auch – fast entschuldigend – der Hinweis zu hören, die Häuser seien windschief und nicht mehr bewohnbar. Heute würde es darum wahrscheinlich einen Kampf bis aufs Messer geben, heute würde man aber auch wissen, daß der Aufwand für eine Restaurierung und Modernisierung längst nicht so groß wie beispielsweise die Kosten für den Bau einer gleichen Anzahl Studentenbuden wäre – und wenn auch: daß zumindest das Wohnen in solchen alten Häusern mehr zur oft vermißten Urbanität beitragen würde als die Isolation in Betonsilos außerhalb der City.

Als die Stadt die beiden Häuser Kreuzstraße 26 und 28, die immerhin schon über vier Jahrhunderte auf ihren Dachschindeln (und zum Teil vier Zentimeter dicken, zeitungsformatgroßen Firstpfannen) hatten, im Jahre 1955 abtrug, stellte sich heraus, daß die Altvorderen zu ihrer Zeit auch keine besonders ausgeprägte Achtung vor der Baukunst gehabt haben müssen, denn sie hatten, indem sie die beiden Häuser, eines davon ein alter Adelshof, hauteng aneinander bauten, einen schöngeschnitzten Giebel einfach zur Brandmauer degradiert. Schon allein die Tatsache, daß kein Raum in den beiden Häusern rechtwinklig war, daß der Kamin drohend über dem Türpfosten lag und die Treppen sich nach eigener Lust und Laune in die oberen Stockwerke emporzuwinden schienen, würde heute wahrscheinlich ausreichen, das Gebäude als Beispiel der Renaissance-Baukunst zu erhalten.
Daß das Haus Waldhof 13 zur selben Zeit abgebrochen wurde, ist sicher weniger damit zu erklären, daß die Stadt Parkflächen benötigte. Vielmehr war es so, daß die Stadt damals keine Mittel hatte, um die vom Zahn der Zeit und vom Bombenkrieg aus den Fugen geratenen Fachwerkhäuser sachgemäß zu restaurieren.
Allerdings gab es auch Fälle, in denen der bauliche Zustand alter Häuser lebensgefährlich für die Bewohner zu werden drohte. So mußten zum Beispiel die Häuser Mauerstraße 28 und 30 im Juli 1953 von sechs Familien zwangsgeräumt werden, weil akute Einsturzgefahr bestand. Ein gutes Jahr danach, im September 1954, sahen sich die Bewohner des Hauses Mauerstraße 56 genötigt, innerhalb von zwei Stunden mit Sack und Pack auszuziehen, weil der Tragbalken des etwa 500 Jahre alten Hauses bei einem starken Regenguß einen Knacks bekommen hatte.

*Das Haus Kreuzstraße 37: Was der Feuersturm des 30. September 1944 nicht vermocht hatte, schaffte der Bagger beim Ausbau der Kreuzstraße. Das Haus stammte aus dem Jahre 1601*

*Im April 1952 werden beim Ausbau der Kreuzstraße Reste eines alten Stadttores entdeckt*

*Häuser an der Mauerstraße, nach einer Zeichnung von E. Herterich*

In diesem Haus wohnte übrigens 1720 der Bielefelder Scharfrichter Johan Voß, der mit Sicherheit auch mitgewirkt hat, als 1727 auf der Richtstätte Schildescher Heide die Gebrüder Rennebaum »von unten herauf« gerädert wurden, wie auf einer zeitgenössischen Darstellung im Detail zu sehen ist. Von ihm weiß man sonst nur so viel, daß er nicht allzugut verdient haben muß, denn er betätigte sich nebenbei auch noch als Abdecker, wie zahlreiche Pferdeknochen bewiesen, die man viel später in seinem Keller fand.
Es gab auch Abbrüche in Bielefeld, die nicht mit Baufälligkeit zu begründen waren, sondern allenfalls mit der Zwangslage, in der sich die Stadt Jahre hindurch aus Mangel an Baugelände befand. Enge Bestimmungen bei der Mittelbewilligung für den Wohnungsbau mögen überdies maßgebend dafür gewesen sein, daß auch der im Februar 1955 von der Stadt gekaufte Kippsche Hof an der Voltmannstraße, ein prächtiges Fachwerkbauernhaus aus dem Jahre 1882, kurzerhand abgerissen wurde, um einem zwölfgeschossigen Hochhaus und anderen Wohnblöcken Platz zu machen. Jahrhundertelang hieß er »Flehmanns Hof«, ehe er mitsamt 33 Hektar Land 1940 von Paul Kipp als mütterliches Erbe übernommen wurde. Als die Stadt das schmucke bäuerliche Anwesen abreißen ließ, zählte Bielefeld 170000 Einwohner, von denen immer noch an die 40000 ohne eigene Wohnung waren. Niemand kam damals auf den Gedanken, daß ein Hof wie dieser auch ein ideales Freizeitzentrum sein könne. Der Ausbau lohnte sich angeblich nicht. Der Stadt fehlte aber auch das Geld.
Die Frage, ob die Stadtplanung damals, nachdem der Wiederaufbau richtig in Schwung gekommen war, ihre große Stunde verpaßt hat, ist immer wieder gestellt worden – auch schon in den frühen fünfziger Jahren. Die Antwort darauf lautete zu jeder Zeit anders. Der Blickwinkel, unter dem die Bielefelder die Probleme und Notwendigkeiten sahen, wandelte sich mit der fortschreitenden Entwicklung. So wurde 1951 in Leserzuschriften beklagt, daß der Wiederaufbau nicht schneller voranging, und immer wieder war es die Verkehrsmisere am Jahnplatz, die die Menschen erboste. Die Forderung nach größeren und breiteren Straßen stand im Mittelpunkt der Diskussion.
Sogar eine sogenannte Durchbruchstraße vom Jahnplatz bis zum Hauptbahnhof, quer durch die Bausubstanz zwischen Bahnhofstraße und Herforder Straße, hat einmal die Bielefelder Planer beschäftigt. Der damalige Leiter des Planungsamtes, Baurat Steinbiß, wollte sie unter allen Umständen durchsetzen, aber der Rat war einstimmig gegen eine solche unsinnige Maßnahme.

*Dieser zeitgenössische Kupferstich zeigt die »Vorstellung der Execution der Zween Mörder und Gebrüder Rennebaum, wie selbe mit dem Rade von unten auff bey Bielfeld den 12. August 1727 Executiret wurden, welcher die Schwieger Tochter und Mutter zusehen musten«. Damals lag die Gerichtsstätte auf der Schildescher Heide (heute »Auf der Großen Heide«, nördlich der Herforder Straße)*

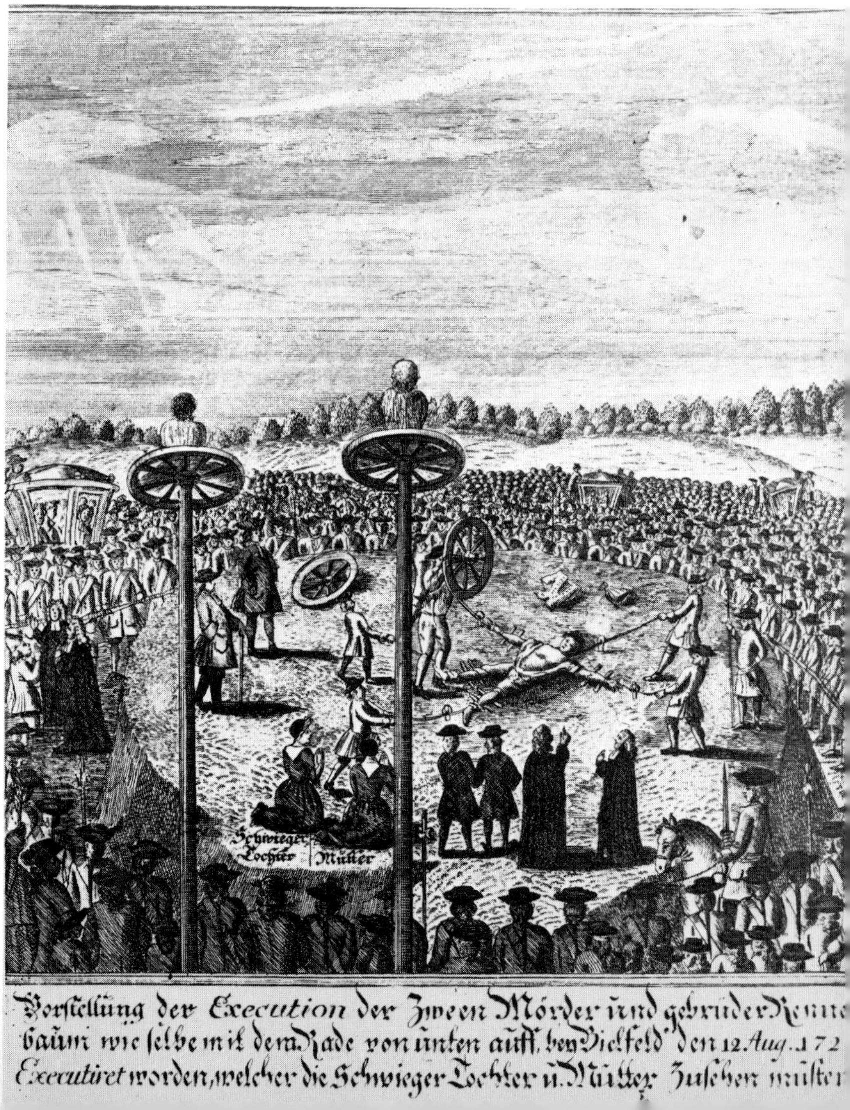

*Die Häuser Kreuzstraße 26 und 28 wurden im Januar 1955 abgebrochen. Das Fachwerkhaus war früher ein Adelshof*

Unerläßlich für eine objektive Beurteilung der Nachkriegs-Situation ist allerdings der Hinweis, daß es im Wirrwarr der damaligen Gesetzgebung noch keine rechtlichen Möglichkeiten zu Umlegungen gab, die die Voraussetzungen für eine großzügige Stadtplanung hätten bilden können. Alle Maßnahmen wurden mehr oder weniger auf eigene Verantwortung der Planer und mit stiller Duldung der Behörden eingeleitet. In dieser auf dem Gebiet des Baurechtes gesetzlosen und zwischengesetzlichen Zeit war es auch für die Stadt Bielefeld nicht immer leicht, den verschlungenen Pfad der Tugend und der Gesetzmäßigkeit zu finden.
Ob Bielefeld dabei schöner werden würde, als es vorher war, galt seinerzeit als ziemlich ungewiß und ist gerade deshalb wohl auch 1954 von dem Leiter des Stadtarchivs und verdienstvollen Heimatforschers, Dr. Gustav Engel, in einem ganzseitigen Zeitungsartikel im einzelnen untersucht worden. Viel Hoffnung scheint der Nestor der Bielefelder Geschichtsschreibung auch nicht gehabt zu haben, denn er kam zu dem Ergebnis, Schönheit sei für die Westfalen »ein eigener Begriff«, denn sonst hätten sie wohl nicht im vorigen Jahrhundert den Giebel des alten Rathauses (der jetzigen Brücke) niedergerissen und Adam und Eva, die in Stein gehauen über der Tür prangten, auf den Speicher gestellt, um dem Rathaus ein würdigeres und ernsteres Aussehen zu geben. Die Eleganz der Bögen und Fialen des Giebels, der kaum weniger schön war als der des benachbarten Crüwell-

*Der 1828 errichtete Flehmannshof, der 1940 von Paul Kipp als mütterliches Erbe übernommen wurde, ging 1955 mitsamt 33 Hektar Land an die Stadt über. Diese ließ den schönen Fachwerkbau abbrechen, weil sich ein Ausbau angeblich nicht lohnte. Heute steht an seiner Stelle eine Wohnsiedlung*

*Prof. Dr. Gustav Engel, der ehemalige Leiter des Stadtarchivs, machte sich um die Bielefelder Geschichtsforschung verdient. Er erhielt den Kulturpreis der Stadt*

*Die Schlosserei Ernst Friedhoff am Waldhof mußte dem Bau des Bavink-Gymnasiums geopfert werden*

hauses, habe den Bielefeldern offenbar nicht zugesagt, schrieb Dr. Engel und bedauerte, daß nun auch die Reste vom alten Klein-Bielefeld an der Mauerstraße dem Untergang geweiht seien. Über die Häuschen der Neuwohner und Kötter außerhalb der Wälle, »wo vor 200 Jahren noch keine Stadt war«, hieß es in dem Artikel: »Heute stehen sie wie Bettler an den Zäunen und warten darauf, daß die steinerne Flut der wachsenden Stadt über sie hinweggehe« – was übrigens nicht allzu lange dauern sollte, wie man weiß. Für Dr. Engel war, Mitte der fünfziger Jahre, der Wiederaufbau »nur um 100 Jahre vorweggenommen«. Der Engpaß der Kreuzstraße hätte keine fünfzig, keine zwanzig Jahre mehr bestehen können, und vom alten Bielefeld wäre auch ohne Krieg ein Stück nach dem anderen abgebröckelt. Es werde auch nicht wiedererstehen, denn: »Vor den Notwendigkeiten der Zeit die Augen zu verschließen, hieße sich in falsche Romantik zu flüchten.« Zur Romantik neigten denn die Bielefelder in jener Zeit auch gewiß nicht, und sie haben dabei – man sieht es überall – auch die von Dr. Engel ausgesprochene Warnung vor einer »neuen Nüchternheit im künftigen baulichen Gesicht der Stadt« in vielen Fällen geflissentlich überhört. »Horcht, ihr Baumeister, auch auf die Stimmen, die aus der Tiefe der Zeit heraufklingen, von dort her, wo die Wurzeln dieser Stadt im Erdreich ruhen. Dann wird Bielefeld wieder schön werden!« schrieb Dr. Engel. Diesen Rat zu befolgen, hatten die Baumeister wenig Zeit und Gelegenheit.

△
*Fachwerkhäuser an der Ecke Waldhof und Welle. Sie wurden 1955 abgerissen*

*Die Dammühle (Schlosserei Friedhoff) im März 1953, ehe sie dem Bau des Bavink-Gymnasiums weichen mußte. Die Straße Am Damm gibt es heute nicht mehr* ▽

*Das Pfandhaus Wellmann an der Mauerstraße. Als es abgebrochen wurde, waren die Reste der alten Stadtmauer mit dem Preßlufthammer kaum zu zerstören*

Vielleicht hatte die vermeintliche Gleichgültigkeit gegenüber dem Vergangenen ihre Ursache vor allem darin, daß die Stadt schon sehr früh vom Verkehr in den Würgegriff genommen wurde und einfach keine Atempause mehr fand. Ende April 1951 fragte der Bielefelder Automobilclub, warum die Stadt nicht längst die Kreuzstraße ausgebaut, die Detmolder Straße von Vorgärten befreit und verbreitert und die Teutoburger Straße bis zur Heeper Straße durchgeführt habe.

Wenn es möglich gewesen wäre, hätte man damals bereits die Ravensberger Spinnerei, die erst 1968 von der Stadt aufgekauft wurde, bestimmt abgerissen, um eine große Citytangente zu bauen. Aber sie arbeitete ja noch voll. Auch auf einen Baum mehr oder weniger kam es nicht an, etwa ähnlich wie im Jahre 1818, als die Stadt alle Bäume auf der Obern- und Niedernstraße abhacken wollte und erst ein Protest der Anwohner, die den Baumschatten für ihre Auslagen brauchten, die Bürgerkommission bewog, wenigstens die Bäume zu verschonen, die »en espalier« standen.

Manche Vorschläge, die der Automobilclub 1951 machte, sind aus heutiger Sicht längst überholt, wie etwa der gute Rat, die Bahnhofstraße als Einbahnstraße für die Aufnahme des Verkehrs aus der Zimmerstraße einzurichten und die Gütersloher Straße (heute Gadderbaumer Straße), das gefürchtete Nadelöhr am Betheleck, auszubauen. Kurios war der Vorschlag, daß in Bad Nenndorf und Wiedenbrück Schilder an der Autobahn aufgestellt werden sollten, um die Lastwagenfahrer davor zu warnen, daß sie den (für die schwächeren Lkw-Motoren damals noch sehr problematischen) Bielefelder Berg bei Lämershagen auf dem Weg mitten durch die Bielefelder Innenstadt und den Osningpaß umgingen: »Überladene Fahrzeuge werden gewarnt, die Autobahn zu verlassen – es wird polizeilich gewogen!«

Selbst wenn diese Warnung jemals befolgt worden wäre, auch der Bielefelder Wirtschaftsverkehr, der mit steigender Konjunktur zunehmend das Straßennetz belastete, verlangte nach großzügigen Lösungen. Das wichtigste Argument indessen waren die wachsenden Zahlen tödlicher Verkehrsunfälle.

1951 stellte die Bielefelder Polizei an zwölf Stellen, wo Menschen zu Tode gekommen waren, Schilder mit Totenköpfen auf – ein makabrer Anblick, der, wenn man diese Übung beibehalten hätte, wahrscheinlich im Jahre 1977 schon längst nicht mehr zu ertragen gewesen wäre: denn von 1945 bis 1972 (vor der Gebietsreform) gab es in der alten Stadt Bielefeld nicht weniger als 703 tödliche Verkehrsunfälle, und zwischen 1973 und 1976 fanden in der neuen Großstadt weitere 246 Menschen den Tod auf der Straße. Da

die (nicht mehr feststellbare) Zahl der Verkehrstoten in den Gemeinden des ehemaligen Kreises mit Sicherheit noch höher als in der Stadt war, kann man ohne Übertreibung sagen, daß seit dem Ende des Krieges an die 2000 Bielefelder im Straßenverkehr ums Leben kamen.

*Bielefelder Steinsetzer beim Richtfest der neuausgebauten Kreuzstraße, die zunächst eine Kopfsteinpflasterdecke erhielt. Im Vordergrund rechts: Wilhelm Vogt, Leiter der Straßenbauabteilung des Tiefbauamtes*

*Die Alfred-Bozi-Straße, zwischen Stapenhorst- und Elsa-Brändström-Straße. Im Hintergrund das Stadthaus (1961)*

*Wenn man die in den ersten Nachkriegsjahren üblichen Mahnschilder bis auf den heutigen Tag, wie hier an der Ecke Heeper Straße und August-Bebel-Straße, bei jedem tödlichen Unfall aufgestellt hätte, würde man in Bielefeld auf Schritt und Tritt einem Totenkopf begegnen*

*Die Detmolder Straße vor ihrem Ausbau (Sommer 1953). Damals war sie noch eine »grüne« Straße*

In der ersten Hälfte der fünfziger Jahre pendelte sich die Jahresrate der Verkehrstoten auf 25 ein, stieg dann aber 1956 sprunghaft auf 56, mehr als das Doppelte dessen, woran sich die Bielefelder – so scheint es – in den siebziger Jahren gewöhnt haben. Einen entscheidenden Rückgang gab es erst 1957, als endlich die Vorfahrtsregel »rechts vor links« und die Geschwindigkeitsbegrenzung auf 50 Kilometer in der Stunde im Stadtgebiet eingeführt wurden. 1958 ging die Zahl der tödlichen Verkehrsopfer auf 17 zurück.

Sehr wahrscheinlich wäre diese insgesamt trostlose Bilanz noch viel trauriger ausgefallen, wenn sich die Bielefelder Polizei, an deren Spitze in den fünfziger Jahren Polizeidirektor Theo Lohr stand, nicht vorbildlich um die Verkehrserziehung gerade der Jugend bemüht hätte. Bielefeld bekam schon 1953 den ersten mobilen Verkehrserziehungsgarten Nordrhein-Westfalens mit dem die jungen Polizeibeamten Paul-Walter Kaping und Wolfgang Langenberg von Schule zu Schule zogen, ehe 1957 an der Schwartzkopfstraße ein Verkehrserziehungsgarten entstand, in dem bis 1977 mindestens 150000 kleine Bielefelder das richtige Verhalten im Verkehr erlernten. Kein Kindergartenkind, daß nicht auch die Bekanntschaft mit dem Verkehrskasper, mit Wuschel dem Polizeihund und der Maus gemacht hätte, mit denen den Kleinsten auf lustige Weise klargemacht wird, was für eine todernste Sache der Straßenverkehr ist. Die Gesamtzahl derjenigen, die die Bielefelder Polizei bisher durch Schulung vor Schaden zu bewahren suchte, wird auf eine halbe Million geschätzt.

Spätere Versuche, an der Verkehrsplanung der Stadt herumzudeuteln und zum Beispiel den Eindruck zu erwecken, chaotische Entwicklungen hätten sich vermeiden lassen, indem man den Verkehr ganz aus der Stadt heraushielt und beispielsweise durch einen Tunnel unter dem Teutoburger Wald hindurch um sie herumleitete, können angesichts statistischer Zahlen über die Motorisierungsdichte nur theoretische Spiegelfechterei sein: 1950 gab es in Bielefeld nur 3630 Personenkraftwagen (1 Pkw auf 43 Einwohner), schon 1960 waren es 17455 (1 Pkw auf 10 Einwohner), und 1970 wurde mit 42782 Personenkraftwagen eine Motorisierungsdichte von einem Pkw auf vier Einwohner erreicht. Im Jahr 1977 hatte – bei insgesamt 95443 Personenwagen – bereits jeder dritte Bielefelder ein eigenes Auto.

Wenn man dazu noch berücksichtigt, daß die Zahl der Lastwagen zwischen 1950 und 1970 von 1749 auf 3908 stieg und daß es nach dem Zusammenschluß von Stadt und Kreis im Jahre 1973 genau 6253 Lastwagen gab, eine Zahl, die sich übrigens bis 1977 auf 5900 verringerte, so wird deutlich, wie gering die Chance des Rathauses in all den Jahren war, auch nur mit dem in der Stadt selbst erzeugten Verkehr annähernd Schritt zu halten.

△ *Bielefelder Polizisten beteiligen sich an einem Straßenrennen des RC Zugvogel (1951)*

*Das Sportfest der Polizei auf der Königsbrügge (1959) war ein vielbeachtetes Ereignis* ▽

*Verkehrsaktion »Der freundliche Wink« (November 1959)*

Daß es mit den Autos einmal so gehen wird wie mit den Motorrädern, deren Zahl von 1954 bis 1970 von 3813 auf 329 sank (um dann allerdings bis 1977 wieder auf 1280 zu steigen), ist kaum anzunehmen, genausowenig wie eine Chance besteht, den Individualverkehr in irgendeiner Weise einzuschränken. Damit hätte man dann schon in den fünfziger Jahren anfangen müssen, aber ob das der Stadt als Einkaufszentrum Ostwestfalens gutgetan hätte, ja ob dadurch nicht die Entwicklung der Stadt entscheidend gehemmt worden wäre – darüber nachzudenken lohnt sich gewiß.

Auf jeden Fall wurde Bielefeld, das mit seiner Motorisierungsdichte stets mit an der Spitze im Bundesgebiet lag, durch die großen Verkehrsbaumaßnahmen »bis an die Grenze der Kraft« gefordert, wie Oberbürgermeister Artur Ladebeck am 19. Juli 1957 bei der Einweihung des Jahnplatztunnels erklärte, der zwölf Millionen DM kostete und, wie sich schon bald zeigen sollte, auch nicht alle Probleme lösen konnte, obwohl die Leistungsfähigkeit des Jahnplatzes durch ihn auf das Doppelte gesteigert und die Zahl der Verkehrsströme von 47 auf 16 vermindert werden konnte.

Mehr erreicht hätte die Stadt mit dem Jahnplatztunnel, der damals in dieser Größe »in Deutschland ohne Vorbild« war, sicher auch, wenn der Rat noch eine knappe Million DM zugelegt und gleich für Tunnelausgänge im Bereich der Löwenapotheke, an der Herforder Straße und Wilhelmstraße gesorgt hätte, aber dazu reichte es nicht mehr.

Heute würde man vielleicht auch, wenn man erneut vor dem Problem stände, nicht die Fußgänger unter die Erde schikken, sondern den Autoverkehr, ein Vorschlag übrigens, den damals nur der SPD-Ratsherr Emil Groß machte. Er stieß allerdings auf taube Ohren, wohl auch deshalb, weil die Vorstellungskraft derjenigen, die damals Verantwortung für die Stadt trugen, teilweise nicht ausreichte, um manche Entwicklung vorauszusehen.

Wenn das der Fall gewesen wäre, hätte die Stadt möglicherweise auch den Ostwestfalen-Damm nicht erst Ende der sechziger Jahre in Angriff genommen, sondern mit mehr Nachdruck vorangetrieben, um damit andere einschneidende Verkehrsbauten überflüssig zu machen. Indessen: Selbst wenn die Stadt Geld genug gehabt hätte, so waren doch die Grundstücksprobleme immer ein entscheidendes Hindernis.

Als im Frühjahr 1950 der Landesrat R. Niemeyer, Bielefelds ebenso genialer wie lebenslustiger Stadtplaner, der oftmals mit mehr Promille am Zeichenbrett saß, als man Autofahrern hinter dem Steuer zugesteht, dieses große Straßenbauprojekt durch den Osningpaß vorschlug, rechnete die Stadt noch mit Kosten von zwanzig Millionen DM, und Oberbürgermeister Ladebeck schrieb, Eile sei geboten – aus »Verantwortung gegenüber der Zukunft unserer Stadt und vor dem eigenen Gewissen«. Doch der Neuordnungsplan wurde am 5. Mai 1950 nur mit fünfzehn gegen acht Stimmen angenommen, wobei lediglich der CDU-Ratsherr Gauß und die FDP-Ratsherren Haedecke und Buddeberg zusammen mit der SPD für das Projekt stimmten, während die Ärztin Dr. Viktoria Steinbiß (CDU) dieses Bauvorhaben von Anfang an für eine Utopie hielt, auch dann noch, als 1952 fünf Ministerien die große Sammelschiene bereits gebilligt hatten. Kaum ein Straßenbauprojekt hat die Gemüter im Laufe der Jahre so erhitzt wie dieses. Zwischendurch hat es Überlegungen gegeben, die Straße auf Stelzen über das Bahngelände zu stellen, was aber wegen des Rauchs der Dampfloks und wegen der raumgreifenden langen Auffahrtrampen nicht durchführbar erschien. Auch der Anschnitt des Johannisberges und die Verlegung von Gräbern, vor allem auf dem jüdischen Friedhof, galten zeitweise als unüberwindbares Problem. Wenn die zum Teil sechsspurige Straße sich 1985 bis zum Hauptbahnhof vorgeschoben haben wird, sollte man vielleicht auch einmal eine Bilanz aufstellen, wieviel zusätzliches Geld das langjährige Hinauszögern gekostet hat, abgesehen von einer Abwägung, ob dann noch die Kosten von nahezu 200 Millionen DM in einem Verhältnis zum Nutzen stehen.

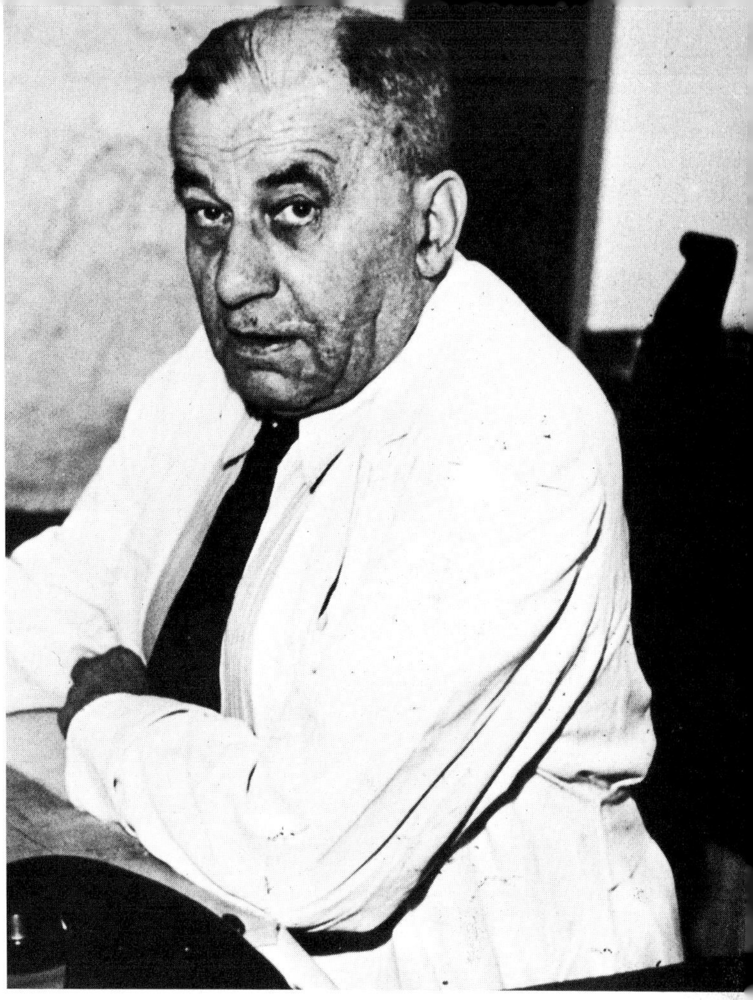

*Landesrat R. Niemeyer setzte die ersten Akzente der Stadtplanung nach dem Krieg. Er veranlaßte den Rat der Stadt schon 1950, den Bau einer Entlastungsstraße zu beschließen. Es sollten allerdings mehr als zwanzig Jahre vergehen, ehe der Ostwestfalendamm in Angriff genommen wurde* ▷

*Der Umbau des Jahnplatzes ist in vollem Gange: deutlich ist bereits der Tunnel zu erkennen, Februar 1957* ▽

Es gab ohnehin viele kommunale Blütenträume, die im rauhen Wind der politischen Wirklichkeit nicht zur Reife gelangten. Landesrat Niemeyer, der die Fülle seiner Ideen mitunter durchzusetzen suchte, indem er den Ratsherren in ihrer Wohnung einen kleinen »Nachhilfeunterricht« gab, sah zum Beispiel im Ulmenwall der Zukunft eine repräsentative Geschäftsstraße, eine Art ostwestfälische »Kö« – und »eine Gelegenheit, um die uns andere Städte beneiden werden«. Daß die Dürkoppwerke noch 1962 ein dreizehngeschossiges, auf vier Stützen stehendes Verwaltungshochhaus an dieser Straße errichten wollten, paßt irgendwie in Niemeyers Konzept. Dieser Plan blieb aber, nachdem Kugelfischer das Unternehmen übernommen hatte, ebenso unverwirklicht wie der Geschäftsstraßencharakter: er reicht heute allenfalls vom Jahnplatz bis zur Rathausstraße.

*Stadtbaurat Michael Fleischer trug von 1956 bis 1968 Verantwortung für das Bild der Stadt Bielefeld*

*Am 19. Juli 1957 ist der Jahnplatztunnel endlich fertig: Oberbürgermeister Ladebeck zerschneidet am Eingang Niedernstraße das obligate Band. Im Hintergrund (rechts neben ihm) Oberstadtdirektor Dr. Eberhard Vincke, vorn rechts der Leiter des Tiefbauamtes, Carl Block, links Verkehrsdirektor Josef Fuchs und der spätere Leiter des Tiefbauamtes, Dieter Greve*

*Alter Fachwerkkotten an der Sparrenbergpromenade (1949), neben der Schönen Aussicht, der wie viele Gebäude dieser Art von der wachsenden Stadt »geschluckt« wurde. An seiner Stelle befindet sich jetzt ein Parkplatz. Im Hintergrund des Bildes das Landgericht* △

*Die Gastwirtschaft Voss und die Klempnerei Brinkmann an der Stiftskirche wurden für den Umbau des Schildescher Ortskernes abgerissen. Auf dem Grundstück, das sich als zu klein für einen geplanten Neubau der Volksbank erwies, steht jetzt eine Baracke. Das Foto stammt vom November 1956* ▽

Das Auto hat, man muß das einmal ganz klar sehen, den Bielefeldern nicht nur Menschenopfer abverlangt, es war auch Ursache vieler Verluste auf anderem Gebiet. Sosehr sich die Stadt durch die Beibehaltung der Straßenbahn bemühte, den Individualverkehr in Grenzen zu halten, sie hat mit ihrem Nahverkehr niemals auch nur eine Schlacht gewinnen können, bei allen Modernisierungsanstrengungen und Rationalisierungsmaßnahmen. Die Verkehrsbetriebe, die gegenwärtig 35 Millionen Fahrgäste im Jahr befördern, fuhren schon Mitte der fünfziger Jahre mit ihren Bussen und Bahnen in die roten Zahlen und erreichen 1976 ein Defizit von 11,5 Millionen DM (39 Pfennig pro Beförderungsfall), was nicht wenige Bielefelder daran zweifeln läßt, ob denn wohl das inzwischen auf 317 Millionen DM »abgeschlankte« Stadtbahnprojekt, das erst 1977 nach jahrelangen Planungen richtig in Gang kam, einen Wandel zum Besseren bewirken wird.

Wenn man vielleicht auf den ersten Blick auch andere Gründe vermutet, eine Reihe von Ausflugslokalen im Teutoburger Wald sind letzten Endes ebenfalls Opfer des Verkehrs geworden. Die Bielefelder wandern weniger und fahren dafür lieber im eigenen Wagen durchs Land. So konnte das Restaurant Hünenburg sich selbst dann nicht mehr halten, als eine Asphaltstraße von der Bundesstraße 68 bis hinauf zum Kamm des Teutoburger Waldes entstanden war, weil der große Autostrom an diesem einzigartigen Aussichtspunkt einfach vorbeirauscht. Die Donnerburg erlitt das gleiche Schicksal, nachdem Pläne, sie in ein Kegelsportzentrum umzuwandeln, am Widerstand der Nachbarn gescheitert waren.

*Das Dürkoppgebäude am Schillerplatz (Ulmenwall) vor der Beseitigung im September 1949. An seiner Stelle sollte 1962 ein zwölfgeschossiges Verwaltungshochhaus des weltberühmten Werkes errichtet werden, aber dieser Plan kam nicht zur Ausführung, nachdem Kugelfischer die Firma übernahm*

*Die Häuser Bahnhofstraße 47 und 49. Der Durchgang rechts führte am Bahndamm entlang zur Jöllenbecker Straße (1952)* ▷

*Das Sandsteingebäude der Landeszentralbank (hier auf einer Postkarte aus dem Jahr 1930) wurde 1976 abgebrochen, weil an seiner Stelle im Rahmen der Neuordnung an der Stresemannstraße das Kaufhaus Quelle und ein Parkhaus entstehen* ▷

Elmendörfer
LINDLAR
WERNER LINDLAR
UHREN
SCHMUCK

*Die Velhagensche Villa, Wertherstraße 3, diente nach dem Krieg als Kunsthaus, Stadtarchiv und Heimatmuseum. Im Mai 1975, als sich der Ostwestfalendamm bis hierher vorgeschoben hatte, schlug auch die letzte Stunde dieses Gebäudes* ▽

△
*Das Restaurant Lindenhof am Nebelswall war viele Jahrzehnte hindurch geselliger Treffpunkt der Bielefelder*

Nicht in erster Linie wegen der Motorisierung, wohl aber auch infolge der geänderten Lebensgewohnheiten der Bielefelder, hatte die Berglust, das beliebte Lokal unterhalb des Marienrondells der Sparrenburg, ebenfalls keine Chance mehr. Bevor es nach dem Krieg als Auffanglager für Flüchtlinge diente, saßen hier die Bielefelder unter einem großen Magnolienbaum auf der Terrasse, blickten bei Kaffee und Kuchen über ihre Stadt, in der die Welt noch in Ordnung schien, und lauschten dem städtischen Orchester, das hier oft Konzerte gab.
Auch über den Lindenhof am Nebelswall ging die Zeit hinweg. Als er wegen der baulichen Neuordnung im Zusammenhang mit dem Neubau des Kunsthauses 1964 abgerissen wurde, erinnerten sich nur noch wenige Bielefelder daran, daß er wie die Berglust, das Café Mai und die Ressource einst ein Kristallisationspunkt des gesellschaftlichen Lebens gewesen war. Hier feierte das honette Bürgertum seine Feste, hier fanden Hochzeiten und Tanzveranstaltungen statt. Daß die Getränke im Lindenhof etwas teurer waren als anderswo, wußten die sparsamen Bielefelder dadurch zu umgehen, daß die »Kavaliere« in den Tanzpausen über den Wall zu einer benachbarten Gastwirtschaft liefen und dort ein Bier herunterkippten, während die Damen am Tisch zurückblieben und züchtig-zaghaft an einem Gläschen Likör nippten.

△
*Die Gaststätte Berglust am Fuß der Sparrenburg wurde nach dem Krieg zeitweise als Flüchtlingslager benutzt, ehe die Stadt sie abreißen ließ*

*Der Bültmannskrug an der Jöllenbecker Straße, Ecke Westerfeldstraße (Oktober 1956)*
▽

*Der »Rütli« war oft Schauplatz großer politischer Veranstaltungen, wie zum Beispiel des SPD-Bezirksparteitages am 5./6. Mai 1956. Heute werden hier die Kulissen des Stadttheaters aufbewahrt*

*Brakensieks Parkgarten stand dort, wo jetzt die Viktor-Gollancz-Straße auf die Wertherstraße mündet*

Eine der traurigsten Fehlentwicklungen führte schließlich dazu, daß Bielefeld – auch nachdem es durch die Gebietsreform eine Großstadt mit 320000 Einwohnern geworden war – über keinen ausreichend großen Saal mehr verfügt, obwohl es ihn noch immer gibt: Das Waldheim »Rütli«, das der Bielefelder Metallarbeiterverband auf einem bereits 1909 erworbenen Waldgrundstück in der Siekerschweiz in den zwanziger Jahren erbaut hat, dient seit einiger Zeit nur noch als Kulissenlager des Theaters, weil dies Lokal ein reines Zuschußgeschäft für die IG Metall geworden war. Dabei hat der »Rütli« große Tage erlebt: In dem Saal, dessen Stirnseite sechs riesige, von dem Maler Karl Löwe geschaffene Bleiglasfenster mit den Motiven der am meisten in der Stadt vertretenen Berufe zieren, fanden ungezählte Parteitage und

*Diese Postkarte aus den zwanziger Jahren zeigt die Kreuzung Feilen-, Düppel-, Paulus- und Herforder Straße (jetzt Berliner Platz) in ihrem alten Zustand. Das Gebäude der Discontgesellschaft, das später Domizil der Industrie- und Handelskammer wurde und heute der Iduna gehört, steht noch. Das Restaurant »Zur Sonne« (links), die Oberrealschule und die dahinter erkennbare BTG-Turnhalle fielen den Bomben zum Opfer*

*Der Berliner Platz, als er noch nicht so hieß, im Winter 1955*

Konferenzen, Vertriebenenkundgebungen, Betriebsfeste und bunte Veranstaltungen statt. Er erlebte aber auch das Auf und Ab der Zeit, denn er diente zwischendurch als Lagerhaus, Gefangenenlager und Wohnheim für »Fremdarbeiter«, denen das Haus so wenig bedeutete, daß sie offene Feuerstellen im Saal anlegten und die Täfelung verheizten, er nahm Schaden bei Munitionssprengungen im nahen Papeschen Steinbruch und war zeitweise auch Altersheim für Vertriebene.

Irgendwie scheint sich der Kreis auf bedauerliche Art geschlossen zu haben: die Volksfürsorge, die am 19. Februar 1952 den wiederhergestellten Rütli-Saal mit ihrem Mitarbeiterfest wiedereingeweiht hatte, muß jetzt diese jährliche Veranstaltung im Bünder Stadtgarten oder im Kurhaus Bad Salzuflen durchführen.

*Friedrich Nowottny (»Bericht aus Bonn«), einer der beliebtesten Fernsehmoderatoren der Bundesrepublik, verdiente sich in den fünfziger Jahren seine ersten Sporen als Ansager bei Fahrradrennen der Freien Presse und als Stadionsprecher in der Bielefelder Radrennbahn*

*Die Bielefelder Polizeispitze von 1948 (v. r. n. l.): die Inspektoren Krome, Kornitzky, Klawitter, Kripochef Kaping (Kriminaloberinspektor), Inspektor Pape, Polizeirat Wahle, Inspektor Hüfner, Kriminalinspektor Kramer, die Inspektoren Walter Bachmann und Glaubitz, sowie Oberinspektor Mühlisch (später Leiter der Schutzpolizei)*

Ein Mahnmal für den Sieg des Autos über liebgewordene Gewohnheiten ist mit Sicherheit auch die Radrennbahn, jenes nach Plänen des münsterschen Rennbahnarchitekten Clemens Schürmann entwickelte und in ganz Deutschland vielbewunderte fugenlos gegossene Betonoval, das im Juni 1953 mit einem Steherrennen eingeweiht wurde, als Bielefeld noch als Fahrradstadt galt. 35 Prozent der deutschen Fahrradproduktion kamen zeitweise aus Bielefeld. Namen wie Göricke, Dürkopp, Rabeneick, Lepper, Wittler, Wittkop, Phönix, Durex, Rixe und Bastert stehen für diesen einstmals wichtigsten Zweig der Bielefelder Industrie. Heimische Radrennfahrer wie Werner Holthöfer, Helmut Neumann, Günter Pankoke, Heinz Wengler, Paul Langhoff und Willy Postler waren damals bundesweit bekannt. 1947 fielen bei der Zonenbahnmeisterschaft allein drei von vier Titeln nach Bielefeld.

Die Radrennbahn sollte dem Radsport wie dem dahinterstehenden Wirtschaftszweig neue Impulse geben. Mit einer Länge von 333 1/3 Metern erhielt sie internationales Format, was allerdings schon vor dem Bau Kritik auslöste, weil es nicht wenige Bielefelder gab, die sich fragten, warum man denn die Anlage nicht größer baute, damit noch ein Fußballfeld in dem Oval Platz habe. »Du hast ja keine Ahnung, du junger Dachs«, fertigte Paul Horstkötter seinen Ratskollegen Herbert Hinnendahl in einer SPD-Fraktionssitzung ab, als dieser nur zaghaft bemerkte, der von dem ehemaligen Schildescher Amtsbaumeister Gießelmann entwickelte Plan für ein zusätzliches Fußballfeld habe ja schließlich auch einiges für sich. Offenen Streit gab es schon gut zehn Jahre später, im Jahre 1963, als Oberstadtdirektor Heinz Robert Kuhn – Hinnendahl war inzwischen seit ein paar Monaten Oberbürgermeister – den Vorschlag machte, die Radrennbahn, die einst 640 000 DM gekostet hatte und längst nicht mehr ihr Geld einspielte, kurzerhand durch Beiseiteschieben

*Die Bielefelder Maschinen- und Fahrradwerke August Göricke warben in einem Prospekt des Jahres 1909 mit dem Foto des Weltrekordmannes Paul Guignard und des Riesen Antonitsch, eines serbischen Meisterringers. Bielefeld war damals eine unbestrittene Metropole des Fahrrades* ▷

der Wälle zum Fußballstadion auszubauen. Die CDU-Ratsherren Tacke und Kruse warfen ihm Irreführung der Öffentlichkeit vor, obwohl die Stadt – das weiß man heute – sich dadurch eine Menge Kosten hätte ersparen können, auch noch im Jahre 1977, als schwere Dauerschäden an der Betonpiste zu einer vorübergehenden Schließung der Bahn führten, deren Schicksal darauf hinzudeuten scheint, daß sich die Radfahrer-Ära Bielefelds hundert Jahre nach ihrem Beginn dem Ende zuneigt.

Einst hatte das alles ziemlich hoffnungsfroh begonnen: Als sich am 1. August 1884 der seit 1870 bestehende und am 19. Mai 1885 ins Vereinsregister eingetragene »Velocipedisten«-Club (Vorgänger des Radfahrvereins Teutoburg) an die besseren Kreise wandte, um Mittel für den Bau einer Radrennbahn auf den Bolbrinkerschen Wiesen in Gadderbaum zu bekommen, tat er es mit dem Hinweis, Fahrradrennen seien »nicht allein ebenso interessant wie Pferderennen, sondern erregen die Teilnahme der Zuschauer in weitaus höherem Maße« – ein Argument, das den Bielefeldern offenbar einleuchtete, denn innerhalb kürzester Zeit gelang es dem Verein, bei den begüterten Bielefeldern 13000 Goldmark lockerzumachen, und schon am 7. Juni 1885 fand das erste Bielefelder »Radreiter«-Rennen auf einer 400 Meter langen Bahn statt. Unübertroffen war ein »kleiner und hagerer Herr Hartmann aus Hannover«, der im Hauptfahren 10000 Meter in 21 Minuten zurücklegte und damit den Gauverbandspreis der Velocipedisten holte, was lange Zeit Stadtgespräch war und allen folgenden Rennen Auftrieb gab.

*Einweihung der Radrennbahn durch den Präsidenten des Deutschen Sportbundes Willi Daume. Vorn rechts Dr. Hermann Kohlhase, neben ihm der Erbauer der Radrennbahn, der Architekt Clement Schürmann (1953)* ▽

*Die Bielefelder erobern die Lufthoheit wieder: An den Heeper Fichten erfolgte 1953 der erste Ballonaufstieg nach dem Zweiten Weltkrieg. In der Bildmitte Christa Delius, die Tochter des späteren Bundespräsidenten Heinemann*

*Schwergewichtiges Treffen von Boxsportidolen in der neuen Radrennbahn im Sommer 1953: Wilson Kohlbrecher, Joe Weidinger, Max Schmeling, Hans Breitensträter und Schmeling-Manager Max Machon (v. l. n. r.)*

*Der »Tante-Emma-Laden« von August Kaiser an der Detmolder Straße 118b als ein Sinnbild vergangener Zeiten (1927)*

Mancher Bielefelder erinnert sich sicher auch daran, daß die »Freie Presse« in den fünfziger Jahren mit ihren Fahrradrennen für Schüler oftmals über zehntausend Menschen zum Feuerholz lockte, aber die wenigsten wissen noch, daß ein gewisser Friedrich Nowottny, heute Bonner Studioleiter der ARD und einer der beliebtesten deutschen Fernsehjournalisten, sich damals mit der Ansage von Fahrradrennen in Bielefeld ein kleines Zubrot zu einem Versicherungsjob verdiente.
So wie das Fahrrad von den Straßen verschwand und sich lediglich noch im Freizeitbereich halten konnte, haben auch andere Symbole einer vergangenen Epoche »an das Auto glauben müssen«. Tante Emma und ihr kleiner Laden an der Ecke vis-à-vis gehören mit Sicherheit dazu, denn erst die Motorisierung war die Voraussetzung dafür, daß sich Super-, Hyper- und Gigantmärkte am Standrand und auf der grünen Wiese breitmachen konnten, das gesamte Einzelhandelsgefüge verändernd und manche Existenz vernichtend. Dabei ging mehr verloren als nur der kleine Laden nebenan, in dem es immer nach frischem Brot, nach Heringen, Schuhcreme und Schmierseife duftete, in dem Kinder zur Belohnung ein rotes Himbeerbonbon über den Tresen gereicht bekamen und wo gemächlich ein Pfund Mehl, ein Viertel Sukkade, Margarine und Zucker abgewogen wurden. Vakuumverpackte Nüchternheit ist an die Stelle dieses Idylls getreten, Massen von Verbrauchern schieben sich an endlosen Regalen entlang und spüren, daß ihnen irgend etwas fehlt, was sie vergebens suchen: menschliche Wärme und Kontakt, das Gespräch über den Ladentisch hinweg.
Tante Emmas Tribut war in Bielefeld, wie der Einzelhandelsverband ermittelte, ganz beträchtlich: Die Zahl der Einzelhändler ging zwischen 1958 und 1976 um nicht weniger als 336 zurück. Die Kleinen im Innenstadtbereich sind längst an die Wand gedrückt, jetzt beginnt der »Ausleseprozeß«, wie man den Vernichtungswettbewerb schamhaft zu umschreiben pflegt, auch auf die Außenbereiche überzugreifen, wo vom 1. Juli 1974 bis zum 30. Juni 1975 allein 62 Einzelhändler ihr Geschäft aufgeben mußten, bei nur 28 Neueröffnungen. Der Tag wird nicht mehr fern sein, an dem die Nahversorgung der Alten und der Kinderreichen zum ernsten Problem in einzelnen Stadtteilen wird. Vielleicht setzt dann irgendwer einmal der Tante Emma ein Denkmal – falls sich die Menschen überhaupt noch daran erinnern, was sie einmal für das Leben bedeutete.

*Am Heiligabend wußten Bielefelds Autofahrer, was sie den Verkehrspolizisten schuldig waren, die – wie hier ein Beamter am Betheleck – Tag für Tag den Verkehr durch die engen Ortsdurchfahrten lotsten und dafür sorgten, daß an den neuralgischen Punkten der Stadt kein Chaos ausbrach. Auf unserem Bild: Rudi Korte*

*Die Westseite des Kesselbrinks mit Blick auf den Eingang zum Wochenmarkt, wo heute das neunzehngeschossige Fernmeldehochhaus steht (Dezember 1955)*

Wer heute nach 25jähriger Abwesenheit durch Bielefeld geht und die Stadt zum erstenmal wieder betrachtet, traut vermutlich seinen Augen nicht mehr. Viele Bilder in diesem Buch sind der Beleg für einen tiefgreifenden Wandel des Stadtbildes. Nehmen wir nur einmal den Kesselbrink, dessen Ausbau zu einem Busbahnhof und zu einer Tiefgarage eine der bedeutsamsten Verkehrsmaßnahmen der Nachkriegszeit war: Daß hier einst zum Ärger der Anwohner ein zentraler Kirmesplatz war, eine mit Asche bedeckte Fläche, an deren Rand Würstchenbuden standen, ist ebenso vergessen wie die Tatsache, daß sich der Zigeunermarkt an der Heeper Straße (heute Friedrich-Verleger-Straße) befand. Der Rat stellte das ursprüngliche Ausbaukonzept, das mit 765 000 DM veranschlagt war und allein 415 000 DM für ein Verkehrsgebäude vorsah, Anfang Juli 1953 erst noch einmal zurück, weil zum Beispiel der SPD-Ratsherr Walter Bolbrinker die Meinung vertrat, die Planung sei zu einem gewissen Grad von der Entwicklung schon überholt und solche Anlagen müßten an den Rand der Stadt. Leute, die mit dem Bus fahren wollten, brauchten auch keine Reiseandenken. Den BHE-Ratsherrn Martin Vogeler störte der großräumige Parkplatz neben dem Busbahnhof, denn: »Man schaue sich doch noch einmal den großen Parkplatz am Gehrenberg an – dort stehen nie mehr als zehn Autos!« Als der Rat ein paar Tage später bei einer improvisierten Ratssitzung im Westfalenhaus (am Kesselbrink) weitere Einzelheiten erörterte, fand der sonst zukunftsgläubige SPD-Ratsherr Emil Groß, irritiert durch Kreidestriche auf dem Kesselbrink, achtzehn Bahnsteige seien denn doch wohl ein bißchen »happig«. Bielefeld würde damit ja die Stadt mit den meisten Busbahnsteigen. Später kam alles, wie man weiß, doch noch ganz anders.

Daß der Bielefelder Schausteller-Boß Ewald Robrahn, der einst mit einer Apfelsinenkiste und einem Bollerwagen voll Äpfel von Kirmes zu Kirmes gezogen war, bis er ein Karussell und schließlich einen Autoscooter sein eigen nennen konnte, die lärmgeschädigten Anwohner oftmals vergebens bat, sich mit der Kirmes auf dem Kesselbrink abzufinden, ist nur noch eine liebenswerte Erinnerung. Und daß vor allem Bielefelds weibliche Jugend Anfang der fünfziger Jahre ganz hingerissen in ein Catcherzelt auf dem Kesselbrink strömte, wo A. E. (staatenlos), ein unbändiger Wüstling, und Kid Curney, der Meister mit der Würge-Krawatte, ihre Gegner und das Publikum das Gruseln lehrten, ist heute genauso unvorstellbar wie die Tatsache, daß einer der Catcher, ein ehemaliger Polizist aus Schlesien, durch die Catchturniere wieder Fuß bei der Bielefelder Polizei fassen konnte, die ihn sogar – mit Genehmigung des

*Frühjahrskirmes auf dem Kesselbrink (mit Blick auf die Einmündung der Wilhelmstraße) im April 1952*

*Als der Leineweber am 28. August 1954 mit einem Flaschenzug von seinem Platz neben der Altstädter Kirche gehoben wurde, geschah dies ohne viel Federlesens: Den Jugendstilsockel Perathoners hielt niemand für erhaltenswert*

nordrhein-westfälischen Innenministers – später für ein paar Tage vom Dienst freistellte, damit er noch einmal in einem großen Catchturnier gegen seine Rivalen von einst antreten konnte. Als Ringarzt fungierte damals der Polizeiarzt Egon Strathmann, der sich auch heute noch mit Männern abmühen muß, die sich besonders stark fühlen – bei der Blutprobe.

Daß der Kesselbrink schon einmal Standort für ein Bielefelder »Forum« werden sollte, ein Haus der Kunst, der Bildung und Erziehung, ein Haus der Arbeit und Wohlfahrt zusammen mit einem Haus der Gesundheit, kurzum ein »Jungborn neuer Kraft und neuen Schaffens für unser Gemeinwesen«, muß ebenfalls zur Geschichte dieses Platzes angemerkt werden, der ursprünglich einmal Viehweide war und deshalb »Köttelbrink« hieß. Der spätere Staatsminister Gottlob Binder, der den Forum-Plan Ostern 1920 in einer Broschüre veröffentlichte, hat nicht erleben dürfen, daß seine Gedanken Gestalt annahmen, und auch die Bielefelder warten noch heute auf ein Gebäude mit ähnlicher Zweckbestimmung – ganz zu schweigen von einer Stadthalle.

*Der große Clown Charlie Rivel wurde 1955 bei einem Besuch im Trocadero vom Vorsitzenden Eugen Struwe und Gewässerwart Heini Rosenhäger zum Ehrenmitglied des Sportanglervereins Heepen-Bielefeld ernannt*

*»Das machen nur die Beine von Dolores«, sangen die Bielefelder in den fünfziger Jahren: Damals wurden noch nicht die Oberweiten, sondern die Beine der Damen gemessen. Als Jury bei einem Beinwettbewerb bewährten sich der lyrische Tenor der Bielefelder Operette, Peter Walter, und der Opernbassist Richard Capellmann (rechts)* ▷

Unvergessen für alle, die es miterlebten, ist sicher auch der Auftritt eines gewissen Wilhelm Schmitz alias »Heros« aus Krefeld, der Mitte September 1954 ausgerechnet neben einer Imbißbude an der Ecke Wilhelmstraße/Kesselbrink sein Zelt aufstellte, sich in einem Glaskasten versiegeln ließ und, unbeirrt durch den Würstchenduft, der ständig um seine Nase wehte, sich abmühte, den Hungerweltrekord des Inders Burmah zu brechen, der 81 Tage und neun Stunden ohne Nahrungsaufnahme ausgehalten hatte. Die Bielefelder, die wenige Jahre vorher bis zum Überdruß selbst hatten hungern müssen, kamen nicht eben zahlreich, um den ehemaligen Marineboxer und Weltmeister im Magenknurren in seinem Schneewittchensarg für Geld zu bestaunen, aber es muß doch für Heros und seinen Manager gelangt haben, zumal er nur eine halbe Flasche Mineralwasser und rund fünfzig Zigaretten am Tag verbrauchte. Die Polizei, die Zeuge gewesen war, als ein Notar in Gegenwart einer großen Menschenmenge den Glaskasten verschlossen hatte, klopfte einen guten Monat später bei dem Asketen an, sprengte allen Protesten zum Trotz das Siegel und hielt ihm einen Haftbefehl vor – wegen fahrlässiger Brandstiftung. Heros, inzwischen von 86 auf 70 Kilo abgemagert, stieg mit düsterer Miene und Grippegesicht aus dem Kasten und verkündete, als ein Justizwachtmeister ihn mitnahm: »Morgen komme ich wieder!« Er wolle, so ließ er wissen, unter Bewachung weiter hungern, während sein Fall in Krefeld geklärt werde, und dann werde er doch noch den Hungerweltrekord brechen. Tatsächlich ließ ihn die Staatsanwaltschaft in seiner Heimatstadt gegen 20000 DM Kaution frei, die er sich 50-Pfennigweise zusammengehungert hatte, aber um ein Haar wäre er auf der Autobahn um alle Rekordaussichten gekommen, weil sein Wagen sich in voller Fahrt überschlug. Heros, noch unter dem Schock stehend, genehmigt sich nach seiner Rückkehr im Bielefelder Ulmenstübchen erst einmal einige Gläser Sekt, bevor er wieder den Hungerkünstler mimte. Erst später wurde bekannt, daß er angeblich auch zwei, drei Schnitzel mit hinuntergespült hatte, aber darauf kam es ohnehin nicht mehr an: am 65. Tag schrie er plötzlich, er wolle nicht in seinem Glassarg sterben, und verlangte wegen einer Nierenkolik einen Arzt. Um 52 Pfund leichter und eine bittere Erfahrung reicher, kehrte der Meister den Bielefeldern den Rücken, ohne ihnen das Vergnügen zu gönnen, daß wenigstens dieses eine Mal ein Weltrekord in den Mauern der Stadt gebrochen wurde. Das sparte sich Heros für Nürnberg, die alte Reichsstadt, auf: 1956 hungerte er dort 93 Tage und 22 Stunden.

Zu einer annähernd ähnlichen Berühmtheit wie der Asket aus Krefeld kam übrigens, allerdings ganz gegen seinen Willen, ein Bielefelder, der es bis dahin gewohnt war, im Verborgenen zu bleiben, und dessen Berufszweig erst in späteren Jahren durch den Bildschirm volle Anerkennung bei jung und alt fand: der an der Bahnhofstraße wohnende Privatdetektiv Carl Scheinemann, dem ein Unbekannter jahrelang auf übelste Weise mitspielte, indem er in Tageszeitungen Todesanzeigen mit dem Namen des immer noch quicklebendigen 73 Jahre alten Detektivs veröffentlichte, Kränze auf seine Rechnung bestellte und ihn Nacht für Nacht mit Drohanrufen aus dem Bett scheuchte, ohne daß es je gelungen wäre, den Täter zu fassen. Eines Tages fand man auch in den Telefonbüchern der öffentlichen Fernsprechzellen einen Stempeleindruck mit den Worten: »Detektiv Carl Scheinemann hat beim Nachbarn eine Badewanne und einen Warmwasserspeicher gestohlen.« Selbst mit dem Tode wurde er bedroht, wenn er nicht 200 Mark an einer bestimmten Stelle hinterlege. Damals waren auch Erpresser noch bescheiden.

*Filmpremieren mit beliebten Stargästen gab es in Bielefeld serienweise: Karl Borgsmüller (rechts), Mitgesellschafter der Vereinigten Lichtspiele, holt Magda und Romy Schneider mit dem Pressechef ihres Filmverleihs vom Hauptbahnhof ab (1955)* ▷

*Niemand wurde verletzt, als an einem Sonnabendmittag, Anfang September 1953, ein Baugerüst am Haus Alter Markt 6, Ecke Gehrenberg, einstürzte. Im Erdgeschoß befand sich damals noch das Feinkostgeschäft Schulte*

*Der Hof Oberbrodhagen, seit 1938 Eigentum der Stadt, wurde für den Bau des Ernst-Rein-Hallenbad abgebrochen und wird Balken für Balken im Freiluftmuseum Detmold wiedererrichtet*

*Maiumzug Mitte der fünfziger Jahre auf dem Jahnplatz. Im Hintergrund die Bahnhofstraße mit dem roten Sandsteingebäude des Bankvereins (jetzt Commerzbank), das durch einen Neubau ersetzt wurde*

Es gab vieles in Bielefeld, was uns heute nur noch wie ein ferner Traum vorkommt. Daß einmal in Carl Schreibers »Trocadero« am Oberntorwall ein ständig wechselndes Varietéprogramm internationaler Sonderklasse gezeigt wurde, und daß dort auch Miß-Bielefeld-Wahlen stattfanden, ja, daß man die schönsten Beine und die besten Hausfrauen-Künste in Bielefeld prämiiert hat, gehört zu jenen Erinnerungen.

Bielefeld zählt ohnehin zu jenen Städten, in denen abends nach Büroschluß die Bürgersteige hochgeklappt zu werden pflegen und wo für Entertainment und überschäumenden Frohsinn kaum jemand etwas übrig hat, was wohl auch der Grund dafür ist, daß der Karneval in dieser Stadt stets im kläglichen Versuch steckengeblieben ist und höchstens im kleinen Kreis noch gedeiht. Organisieren läßt er sich jedenfalls nicht. Das mußten auch die »Blauen Funken« 1976 erfahren, als sie wirtschaftlich am Ende waren.

*Der Jahnplatz vor dem Ausbau, in der Weihnachtszeit 1954: In der kleinen Kanzel unter der Normaluhr saß ein Polizist, der die Verkehrsströme regelte*

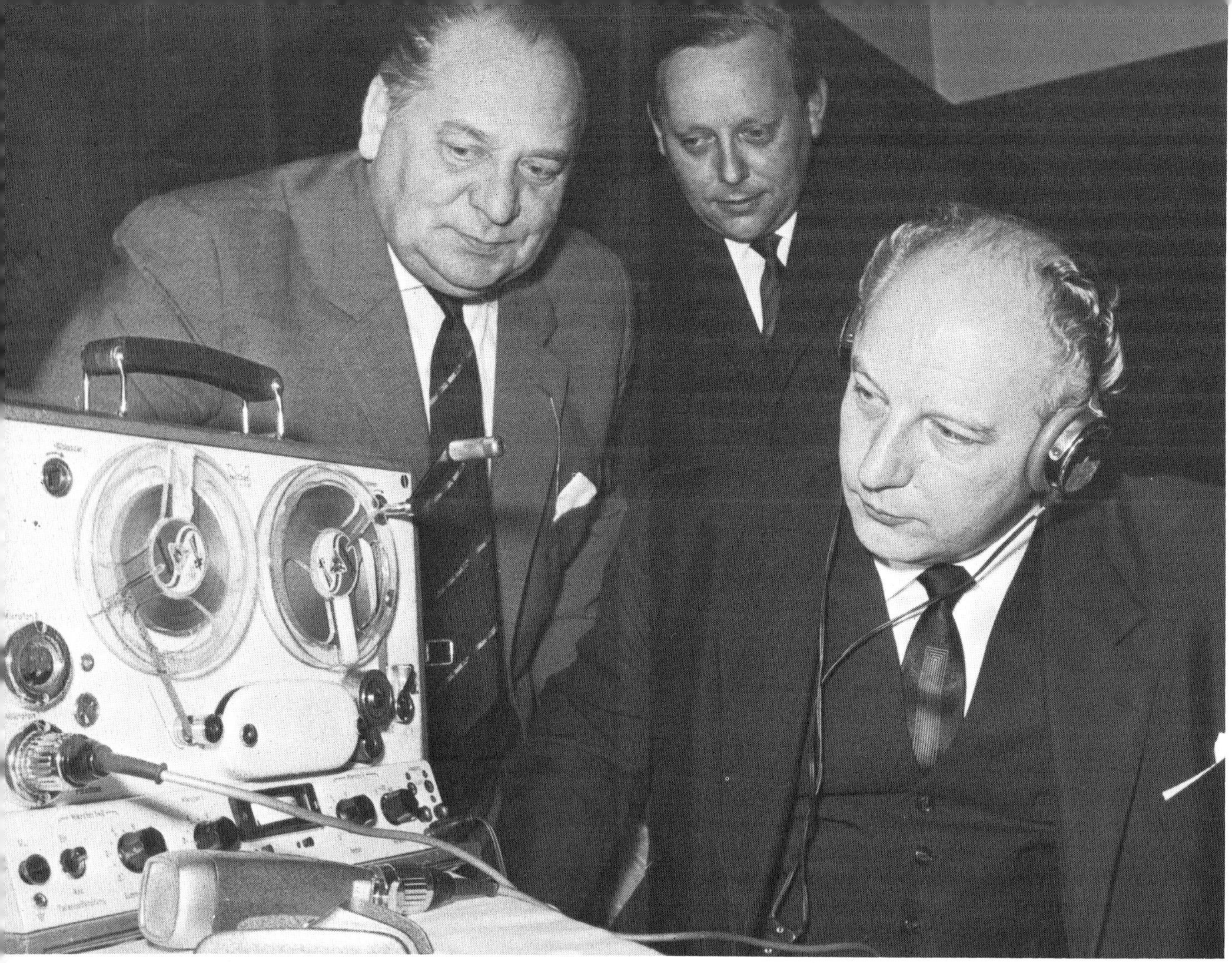

*Am 11. Juli 1963 rief der damalige Minister für wirtschaftliche Zusammenarbeit (und spätere Bundespräsident) Walter Scheel im Bielefelder WDR-Studio die deutsche Jugend auf, sich am geplanten Entwicklungsdienst zu beteiligen. Sein freidemokratischer Parteifreund Polizeidirektor Theo Lohr und Studioleiter Werner Höcker beim Abhören der Tonbandaufnahme nach dem Interview*

*Die Bahnhofstraße, von der Ecke Arndtstraße aus gesehen, bevor hier das Kaufhaus Karstadt entstand*

Dabei hätten sie eigentlich gewarnt sein müssen. Angespornt vom närrischen Treiben der Jecken an Rhein und Ruhr, versuchten die »Roten Funken« am 16. Februar 1953 einen Rosenmontagszug auf die Beine zu bringen. Das Echo war gewaltig: Zehntausende von Bielefeldern, vielleicht sogar an die Hunderttausend, warteten zwei, drei Stunden auf das große Ereignis, das sich da aus Richtung »Hammer Mühle« dem Jahnplatz nähern sollte.
Nicht einmal die Bielefelder Schützen, die sich 1950 zum erstenmal wieder formieren durften und dabei den Rat mit auf den Weg bekamen, sich den gesellschaftlichen Gegebenheiten anzupassen, hatten in ihren besten Zeiten so viele Menschen auf die Beine gebracht, und alle waren gespannt, wie hoch die Wellen des Frohsinns in Bielefeld schlagen würden. Es gab sogar etliche, die schunkelten und sangen am

Bielefeld: Alfred-Bozi-Straße, Ecke Friedenstraße, 1959

Foto: Stadtarchiv und Landesgeschichtliche Bibliothek Bielefeld

Straßenrand, eine Zigeunerkapelle nutzte die Gunst der Stunde und kassierte, ehe es soweit war, am Finanzamt schon einmal fleißig ab. Ein Polizist, der wohl schon eine Ahnung hatte, was da auf Bielefeld zukam, meinte tiefsinnig: »Die meisten Narren stehen am Straßenrand!« und das stimmte denn schließlich auch: Begleitet von immerhin sieben Kapellen zog eine Schar ostwestfälischer Karnevalisten mit gequälter Fröhlichkeit durch die Stadt, Schuman und Stalin auf wandelnden Litfaßsäulen mit sich herumtragend, ein Prinz Karneval streute Bonbons unters Volk, und da war auch ein Narr, der den Leuten Würstchen an einer Angelleine vor die Nase hielt, ferner ein Polizist mit Pappkopp und eine Kanone, die man aus einem Kinderwagen gebastelt hatte. Die Bielefelder gingen ein wenig beklommen und betreten nach Haus, und der Autor dieses Buches, der damals eben den ersten Löffel des Sackes Salz verzehrt hatte, den man angeblich mit den Bielefeldern essen muß, wenn man neu in diese Stadt kommt, schlich sich an seine Schreibmaschine und versuchte das Beste aus dem lustigen Debakel zu machen, indem er den Präsidenten der Karnevalsgesellschaft, Wilhelm Siekmann, zitierte, der nach dem Ereignis die Hoffnung aussprach, daß die Kritiker weniger und die Karnevalisten im nächsten Jahr mehr werden. Einen Rosenmontagszug hat es dennoch seit 1953 nie mehr gegeben. Die Bielefelder haben ihn aber auch wohl nie vermißt. Es langt ihnen schon, wenn alljährlich eine abenteuerlich ausgestattete Wetterkommission der Schützen auf einem Lastwagen durch die Stadt fährt und sich von Station zu Station mehr und mehr vollaufen läßt.

Dabei muß es Zeiten gegeben haben, in denen die Bielefelder keineswegs von Geburt wahre Freunde der Traurigkeit gewesen sind. Zumindest sah sich die Stadt veranlaßt, etwa hier und dort aufkeimenden Karnevalismus gleich im Keim

*So sah es an der Stadtheider Straße im Jahre 1959 aus*

*Ein Blick in die Obernstraße im Jahre 1950: Noch steht der Brüngersche Giebel aus dem Jahre 1593 an seinem alten Platz. Mehr als zwei Jahrzehnte lag er danach auf dem städtischen Bauhof, ehe Rudolf August Oetker ihn am Alten Markt wiedererrichten ließ*

*Das sogenannte Kutscherhaus an der Koblenzer Straße (jetzt Artur-Ladebeck-Straße) mußte dem Verkehr Platz machen*

*Die Ritterstraße (jetzt Klasingstraße) aus Blickrichtung Obernstraße. Das Haus im Hintergrund mußte der Parkplatzerweiterung am Klosterplatz weichen*

zu ersticken, denn das »Ius Statutarium Civitatis Bilefeldiensis« oder »Bilefeldisches Stadt-Recht und Bürger-Sprache Samt beygefügter Policey-Ordnung«, gedruckt »bei Julius Tränkner im Jahre 1685«, legt im »Caput III« zum »Fastnachts-Wesen« fest: »Die Vollsäufferey / Vermummen / Säytenspieln / Tantzen / Jauchtzen und sonsten alles Gotloß- und wüstes Leben / so in Gastereyen / Wirtshäusern und Krügen zum offteren ärgerlich vorgehen pfleget / soll zu jeder Zeit / sonderlich aber um die Fastenzeit / worin man von dem bittern Leyden und Sterben unsers lieben Herren und Erlösers Jesu Christi so woll in den Kirchen und öffentlichen Versammlungen / als auch zu Haus handelen und solche Erlösung von den Sünden / und Erledigung auß des Teuffels Rachen mit Bußfertigem Hertzen betrachten soll und muß / hinführo gäntzlich verbotten seyn / wie dan insonderheit den Krügern und andern bey Straffe zehn Goldgülten aufferlegt wird / kein Bier zu Fastabends-Gesellschaft aufzulegen / außzuzapfen / oder auch zum besten zu geben.«
Mag sein, daß die Bielefelder in den folgenden Jahren sowieso die Häuslichkeit mehr schätzen lernten und – statt sich, wie es im Bielefelder Stadtrecht einst hieß, »ehe und bevor sie in die Kirchen kommen mit dem Brandtwein zu füllen, welches aber gantz ärgerlich und Gottloß ist« – dazu übergingen, sich abends vor dem Fernsehschirm einen Trunk zu genehmigen. Dieses neue Medium hielt damals gerade seinen Einzug in die Stadt, zaghaft zwar und vorerst nur in Brackwede, wo man bereits 1952 die ersten Flimmerbilder vom achtzig Kilometer entfernten Sender Langenberg empfangen konnte.

Einer echten Sensation kam es gleich, als Techniker der Firma Philips am Tag vor Weihnachten 1952 einen Kasten aus braunem Nußholz auf dem Tresen der FP-Geschäftsstelle am Jahnplatz aufbauten und damit erstmals einen Fernsehapparat im Stadtgebiet nördlich des (abschirmenden) Teutoburger Waldes in Betrieb nahmen. Mit einer Vier-Ebenen-Dipolantenne auf dem Dach gelang das Unternehmen: Erst erschienen seltsame Zickzacklinien auf der Mattscheibe, aber dann erkannte man die Silhouette des Kölner Domes und den Rhein, auf dem gerade reger Schiffsverkehr herrschte. Den eigentlichen Start der Fernsehära erlebten an den Weihnachtstagen gleich einige Tausende, die, angelockt durch eine Presseankündigung, sich in der Zeitungsgeschäftsstelle und auf dem Jahnplatz drängten und stundenlang fasziniert auf das »Flimmerding« starrten, das an erhöhter Stelle im Schaufenster stand. Wenn sich auch die Bilder gelegentlich schräg legten, die Filmaufzeichnung des Spiels Hamborn 07–St. Pauli war noch lange Tagesgespräch in Bielefeld. Bevor das Fernsehen mit der Errichtung des Senders Bielstein, nahe dem Hermannsdenkmal, auch in Ostwestfalen endgültig seinen Einzug hielt, verhalfen vor allem die Wirte dem neuen Medium (und dem eigenen Bierabsatz) zu einem guten Start, indem sie Fernsehapparate in den Gaststätten aufstellten, Abend für Abend eine andächtige Gemeinde versammelnd.

*Brandoberamtmann Willy Ulrich, vom 1. Mai 1949 bis 30. September 1964 Leiter der Bielefelder Berufsfeuerwehr und danach Bezirksbrandmeister, bei der Weihe einer Feuerwehrfahne im Juni 1958*

*Ludwig Erhard, der Vater des Wirtschaftswunders, bei einem Besuch in Bielefeld kurz nach der Währungsreform*

Sonst hatte es bis dahin auch nicht viel Sensationelles zu erleben gegeben, einmal abgesehen von dem »schwersten Erdbeben seit hundert Jahren«, das am 14. März 1951, Punkt 10.48 Uhr, im Rheinland einsetzte und seine Schwingungen bis ins ferne Bielefeld schickte, wo allerdings nur einige Hausfrauen aufmerksam wurden, als ihre Tassen im Schrank klapperten und die Blumenvasen auf dem Tisch unvermittelt zu schwanken begannen. Viele Menschen bemerkten aber gar nicht, daß die Erde bebte.
In einem Punkt allerdings reagierten die Bielefelder, vornehmlich die Hausfrauen, damals noch wie ein Seismograph: sobald in der Zeitung die Meldung erschien, daß irgend etwas ein paar Pfennige teurer geworden sei, meldeten sie Protest an. Es war die Zeit, als die Preise laufen lernten, unmerklich zwar am Anfang, aber vielbeachtet wie ein Kleinkind, das die ersten Schritte macht. Die Inflationsmentalität, später von den Politikern oft beklagt, steckte noch in den Kinderschuhen.

*Bundeskanzler Konrad Adenauer bei einem Wahlkampfauftritt in Bielefeld, zusammen mit dem CDU-Kreisvorsitzenden Helmut von Bockelberg und der Bundestagsabgeordneten Dr. Viktoria Steinbiß (1961)*

Als Anfang Dezember 1950 angekündigt wurde, ein Dreipfundbrot werde demnächst nicht mehr für 72 Pfennig zu haben sein, weil eine Brotpreiserhöhung um zwei Pfennig je Kilogramm unumgänglich sei, erklären die Gewerkschaften, eine eben erfolgte Lohnerhöhung berechtige keineswegs zu einer solchen »Erhöhung«, und eine Hausfrau klagte in einem Zeitungsinterview: »Was wird heute eigentlich nicht teurer?« Schon im März 1951 verlangten die Bäcker für ein Dreipfundroggenbrot 1,01 DM, und ein Kilo Weißbrot kostete 85 Pfennig, was die Bielefelder SPD veranlaßte, für eine »Revision der verfehlten Wirtschaftspolitik« zu plädieren. Ein Herren-Übergangsmantel kostete zu dieser Zeit bei Leineweber 98 DM, Damen-Frühjahrsmäntel gab es ab 74,75 DM. Auch wer auf das Wohl seiner Mitmenschen trinken wollte, mußte ab Mitte Januar 1952 tiefer ins Portemonnaie greifen, denn ein Kurzer kostete 30 statt 25 Pfennig, ein Doppelkorn 50 statt 40 und ein Steinhäger 55 statt 50 Pfennig. Für Butter bezahlten die Bielefelder etwas mehr als die Hälfte des Preises, den sie ein Vierteljahrhundert später (bei allerdings um ein Vielfaches gestiegenem Einkommen) bezahlen mußten, nämlich ab Juli 1952 etwa 6,32 DM pro Kilogramm (statt 5,80 DM zuvor). Ein frischgebackener Lokalredakteur der »Freien Presse« konnte sich damals mit 300 DM im Monat allenfalls Margarine und Leberwurst aus dem Tiefparterre der Kepa leisten.

Zumindest die Weihnachtsbäume blieben Ende 1952 – zwei Pfennig je Zentimeter – konstant im Preis, und die Hausfrauen durften gewiß sein, daß die Eier auf dem Wochenmarkt wirklich ganz frisch waren. Damals bestand nämlich eine ganz strenge Kennzeichnungspflicht für jedes Hühnerei, von der sich das Landesernährungsamt auch durch einen massiven Befreiungsantrag des Oberbürgermeisters nicht abbringen ließ. So mußte denn die Stadt auf dem Wochenmarkt eine Eierstempelstelle unterhalten, die »mit modernsten Methoden« dafür sorgte, daß jedes Ei auch den passenden Stempel bekam, nicht nur nach Gewicht von A bis D, sondern auch nach Jahreszeit: Kenner wußten, daß vom 1. September bis 14. März die Stempelfarbe rot sein mußte, im Sommer jedoch schwarz. Eier mit der »16« kamen aus Westfalen, die mit der »6« stammten aus dem Rheinland.

*Als der Ulmenwall noch seinem Namen Ehre machte. Rechts der inzwischen abgebrochene Flügel des Landgerichtes (1952)*

Woher allerdings eine ungestempelte Sorte Eier kam, die damals buchstäblich in aller Munde war, darüber besteht weniger hinlänglich Gewißheit als über die Tatsache, daß sich ungezählte Bielefelder von ihnen ewige Jugend versprachen: Trephon-Eier waren im Frühjahr 1952 plötzlich als Allheilmittel sehr in Mode, nachdem tüchtige Werbemanager verbreitet hatten, jahrtausendealte Erkenntnisse der Chinesen seien unlängst von einem französischen Geflügelzüchter wiederentdeckt worden. Neun Tage angebrütet, keinen Tag mehr und keinen weniger, roh geschluckt, und das dreißig Tage hintereinander, könnten diese Wundereier eine völlige Regeneration und Gesundung des Körpers bewirken, hieß es. Ein »hoffnungsloser Kriegskrüppel« sei, lasen die Bielefelder in der »Freien Presse«, nach dem Genuß der (»von der Schale befreiten«) Trephon-Eier »vollauf gesundet«, und auch sonst seien schon wahre Wunder »selbst in hartnäckigen Fällen« eingetreten, vorausgesetzt allerdings, daß die angebrüteten Eier mit dem »Lebensstoff des wachsenden Embryos« ungekocht und ungeschlagen heruntergeschluckt wurden.

Man hat später viel darüber gerätselt, warum es in Bielefeld so viele Menschen gibt, die das hundertste Lebensjahr in völliger geistiger und körperlicher Frische erreichen, und sich gefragt, ob es wirklich an »immer viel Arbeiten« und »jeden Morgen einen Klaren auf nüchternen Magen« liegt, denn es sterben auch Leute, die solches täglich vollbringen und dennoch dies biblische Alter nicht annähernd erreichen. Gleichwohl ist es ein schlagzeilenreifes Phänomen, daß Bielefeld, dessen Sterblichkeitsziffer schon in den Jahren 1922 und 1924 mit elf von Tausend erheblich unter dem Reichsdurchschnitt (15:1000) lag, auch noch in der jüngsten Zeit offenbar eine »Hochburg der Hundertjährigen« geblieben ist. Mit zeitweise nicht weniger als achtzehn Mitgliedern dieses exklusiven Senioren-Clubs, die Gefahr laufen, daß ein seelenloser Computer sie mit 106 wieder zur Einschulung auffordert, konnte sich Bielefeld im Frühjahr 1977 mit Städten wie Gelsenkirchen (3) und Bonn (1) schon allemal messen, es übertraf sogar Millionenstädte wie München (»17 insg'samt woarn's im letzten Joahr!«). Die Witwe Luise Maletzky aus der Meller Straße brachte es gar auf 107 Jahre, und andere, wie der Fahrradhändler August Hilbert, ein einstiger Freund und Mitstreiter Carl Severings, war mit über hundert Jahren noch so gut beieinander, daß er regelmäßig am Volkslauf des Bielefelder Polizeisportvereins in der Senne teilnahm. Als ihm, der auch jahrzehntelang Mitglied des DSC Arminia war und jedes Heimspiel auf der

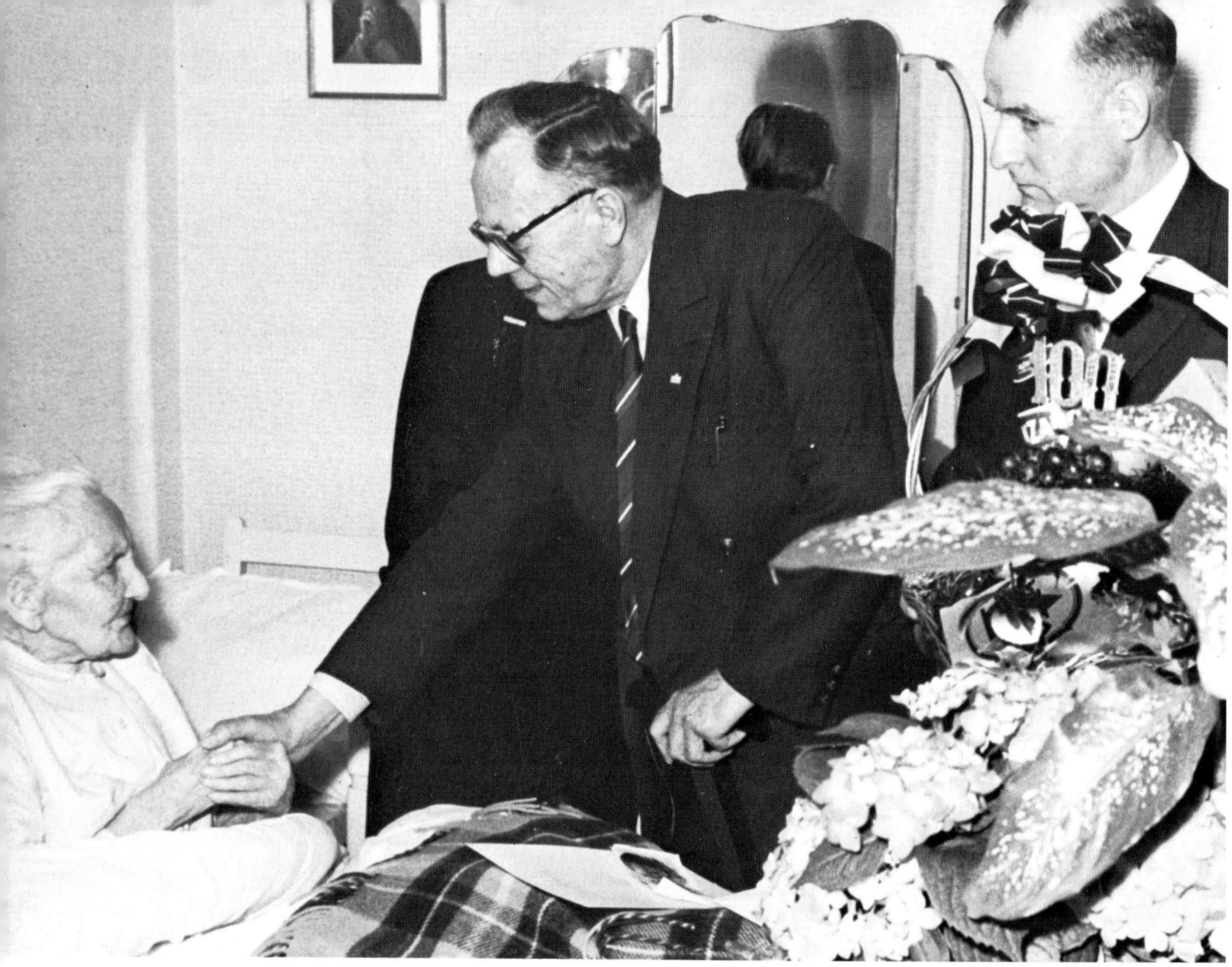

*Den Alten galt stets die besondere Sorge der Stadt: Wer 100 Jahre alt wird, dem gratuliert das Stadtoberhaupt. Obwohl am Ende selbst gehbehindert, pflegte auch Oberbürgermeister Artur Ladebeck solche Anlässe niemals auszulassen. Rechts der Leiter des Hauptamtes Rudolf Kohlmann mit dem städtischen Präsentkorb*

*Mit hundert Jahren war August Hilbert der älteste Teilnehmer des Volkslaufes 1976. Er starb im März 1977*

Ehrentribüne der Alm mitzuerleben pflegte, der Vereinspräsident Dr. Jörg Auf der Heyde eines Tages zum hundertsten Geburtstag auf dem Anstoßpunkt der Alm (unter dem vor dem Bundesligaskandal ein anderer Fan, der CDU-Ratsherr Alwin Schrage, am liebsten begraben worden wäre) einen Blumenstrauß überreichte, reckte August Hilbert unter dem Jubel von 20000 Fußballanhängern die Arme in die Höhe und rannte, die Blumen über dem Kopf schwenkend, im Laufschritt zu seinem erhöhten Logenplatz zurück, immer zwei Stufen der Tribüne auf einmal nehmend.
Nun muß man zugeben: er achtete auch sehr auf seine Gesundheit, denn als im März 1977 ein Klinomobil zur Augen-Innendruckmessung und zur Früherkennung des Grünen Stars auf dem Siegfriedsplatz Station machte, stellte sich auch August Hilbert in praller Sonne eine gute Stunde in der langen Menschenschlange an, weil ihm ein Alter ohne

*Die Feilenstraße im Dezember 1955*

die volle Sehkraft nicht erstrebenswert dünkte. Dabei muß er sich denn doch wohl übernommen haben, denn kurz darauf erlag er einem Schlaganfall. Dabei hätte dieser Hundertjährige durchaus das Zeug gehabt, es jenen verwitterten Bulgaren gleichzutun, deren Abbild in Apotheken für die Wohltaten des Knoblauch wirbt.
Unverwüstlich war auch ein Bielefelder, der weniger durch sein Alter als durch seine Eulenspiegeleien einen schließlich weit über die Stadtgrenzen hinausreichenden Ruf erlangte: Willem von Enger, mit bürgerlichem Namen Wilhelm Disselmeier. Die einen hielten ihn zwar nur für einen Trunkenbold, die anderen aber sahen in ihm ein echtes Ravensberger Original. »Es gibt zwei aufrechte Deutsche«, pflegte er zu sagen, »Fürst Otto von Bismarck und Willem von Enger«, selbst wenn er sich in einem solchen Augenblick mitunter kaum noch auf den Beinen zu halten vermochte.
Niemals unterließ er es, dem Bronzestandbild des Eisernen Kanzlers, das damals noch nahe dem Rathaus stand, die gebotene Reverenz zu erweisen, indem er mit seinem Spazierstock salutierte und dann in aller Ruhe begann, die Kürassierstiefel des Ehernen mit Schuhwichse blank zu wienern. Dem Leineweber auf dem Altstädter Kirchplatz stopfte er einmal die Pfeife mit Holzwolle und Harz und zündete sie an. Wie oft er eigentlich wegen Landstreicherei vor dem Richter stand, ist gar nicht mehr festzustellen. Einmal wurde er über Weihnachten eingebuchtet, weil er in der Adventszeit mit einer Kette von Apfelsinen um den Hals, in der Brusttasche einen Bückling und auf dem Kopf eine Bombe mit drei Kerzen und der Aufschrift: »Fröhliche Weihnachten«, durch die festlich geschmückte Stadt marschiert war. In der Nazizeit stand »Willem« tapfer seinen ungewöhnlichen Lebensstil durch. Eines Abends schrie er auf dem Jahnplatz, unweit der Jahnbüste, in einem fort: »Wir brauchen keinen Führer mehr!« Die Menschen strömten zusammen und rechneten schon mit dem Schlimmsten, als auch ein Polizist herannahte und den Kauz fragte: »Was haben Sie da gerufen – wir brauchen keinen Führer mehr?« Willem darauf trocken: »Ja, Herr Gendarm, weil wir doch schon einen haben!«
Die Zeit ist auch über Willem von Enger schließlich hinweggegangen. Irgendwann starb er in der Landespflegeanstalt, nach einem Leben, das im Waisenhaus begonnen hatte und ohne nüchternes Erfolgsstreben geblieben war. Blumen, Musik, Frauen und Schnaps, das seien die Dinge, für die er sich begeistern könne, hat er einmal dem Richter gestanden, als er sich in den ersten Augusttagen des Jahres 1951 wegen Übertretung des Hausverbots in der Bielefelder Bahnhofsgaststätte verantworten mußte. Als er sich jedoch dazu verstieg, sich mit Hans Moser und Heinz Rühmann zu vergleichen, war ihm vom Richter entgegengehalten worden,

*Wilhelm von Enger, ein stadtbekanntes Original in den fünfziger Jahren*

*Der SPD-Vorsitzende Erich Ollenhauer spricht im Sommer 1952 aus Anlaß einer Landtagswahl, die durch den Tod Carl Severings notwendig wurde, auf dem Siegfriedsplatz*

*Mutter Meuter, ein echtes Bielefelder Original: Zu politischen Kundgebungen kam sie stets mit Blumen für den Redner. Sie duzte Konrad Adenauer und Erich Ollenhauer, und beide glaubten, das Herz der Alten schlüge nur für sie*

die benähmen sich aber nicht so ausfällig und tränken auch nicht andern Leuten das Bier aus. Darauf Willem: »Die verdienen auch mehr als ich!«

Bei ihm war wirklich Hopfen und Malz verloren. Als man ihn, den »letzten ehrlichen und echten Landstreicher«, zu seinem eigenen Schutz aus dem immer stärker werdenden Verkehr zog und in die Bethel-Kolonie Freistatt bei Diepholz brachte, riß er bald aus, weil er des Kartoffelschälens überdrüssig war. Auch nachdem er längst nicht mehr unter den Lebenden weilte, lachte eine ganze Stadt noch lange über seine Streiche – und das lag sicher daran, daß die Zeit immer nüchterner und ärmer an wirklichen Originalen wurde.

In den frühen fünfziger Jahren gab es sie noch zuhauf: den Krawatten-Gustav zum Beispiel, der vor den Betrieben seine Waren anbot, und auch die drei Schwestern Heienbrock, die immer wieder wegen Mietproblemen die städtischen Behörden, die Gerichte und auch die Lokalredaktionen in Horrorsituationen versetzten. Eine der drei Grazien zückte eines Tages vor dem Richter ein Beil, das sie in der Tasche verborgen hielt, und rief: »Heute geht es rund – wir wollen doch mal sehen, ob wegen eines solchen Prozesses so viele Termine sein müssen!« Daß sie es mit ihrem Beiltrick durchaus ernst meinte, erfuhren die Mitarbeiter des Wohnungsamtes, das damals noch im inzwischen abgerissenen Stadthaus an der Alfred-Bozi-Straße seine Diensträume hatte: Eine der Schwestern hackte nämlich eines Tages eine Tür zu Kleinholz, was Oberstadtdirektor Dr. Eberhard Vincke bewog, ihnen Hausverbot im Rathaus zu erteilen. Wenn sie dennoch wieder auftauchten, pflegten die Beamten vorsorglich ihre Dienstzimmer abzuschließen.

*Am Waldhof, zwischen Ratsgymnasium und Deutschem Haus, sah es noch vor wenigen Jahren so aus: Die Häuser im Hintergrund sind verschwunden, an ihrer Stelle befinden sich jetzt Einstellplätze für Lehrer*

Etwas weniger gewalttätig, aber trotzdem deftig genug, zumindest was ihren Umgangston betraf, war das Auftreten eines anderen Originals, das als »Mutter Meuter« stadtbekannt war. Daß nicht gut Kirschenessen mit der streitbaren Dame war, können einige achtbare Bürger bezeugen, denen sie auf der Straße unvermittelt in Gegenwart anderer Leute zurief: »Na haste noch deine Freundin?« oder die sie mit der Bemerkung unter Druck zu setzen suchte: »Du warst doch auch ein alter Nazi – nicht wahr?« Selbst Oberbürgermeister Artur Ladebeck, dessen Autorität allgemein anerkannt war, verschlug es eines Tages die Sprache, als Mutter Meuter ihn schon am frühen Morgen im Vorzimmer seiner Sekretärin, Wilhelmine Elbrecht, mit den Worten empfing: »Artur, mein Karl ist heute nacht gestorben – kannste eigentlich mit ansehen, daß ich in diesem schäbigen Mantel zur Beerdigung gehe?« Während sie dem Oberbürgermeister das abgeschabte, fleckige Kleidungsstück entgegenhielt und ihren eben hingeschiedenen Karl, an dem sie sonst kein gerades Haar gelassen hatte, in höchsten Tönen lobte, versteinerte Ladebecks Miene. Er entgegnete, herb wie er bisweilen sein konnte, nur: »Trag's!« – drehte sich um und ging davon.

*Der Hof der Familie Schmising zu Tatenhausen am Klosterplatz ist im Jahre 1977 mit Denkmalspflegemitteln gründlich restauriert worden. 1925 bot er sich dem Betrachter so dar, wie es unsere Aufnahme zeigt. Er hat eine jahrhundertealte Geschichte: 1692 kaufte ihn die Familie Ledebur, 1799 kam er in den Besitz der Familie Wilmans, die ihn 1809 an die Familie Wörmann verkaufte, aus der die bekannten Hamburger Großreeder hervorgingen*

*Ein Blick in den Museumsgarten vom Nebelswall aus (1962). Das ehemalige Naturkundemuseum (rechts) und das Gärtnerhaus im Hintergrund mußten dem Neubau des Kunsthauses weichen*

Als der SPD-Ratsherr Willi Kralemann, damals Vorsitzender des Wohnungsausschusses, sich eines Tages mit dem Leiter des Wohnungsamtes, Hermann Bohnenkamp, auf den Weg machte, um Mutter Meuter davon zu überzeugen, daß sie nun aber auch eine Flüchtlingsfamilie in ihrer kleinen Vier-Zimmer-Wohnung an der Lippischen Straße aufzunehmen habe, gab es ein Riesenspektakel, und beide mußten schließlich unverrichteter Dinge ins Rathaus zurückkehren. Auf dem Heimweg trösteten sie sich gegenseitig über den Mißerfolg ihrer Aktion hinweg, indem sie sich sagten, man könne es ohnehin niemandem zumuten, mit »der da« auf Dauer zusammenzuleben.

Von alledem ahnten die Bundespolitiker nichts, die Mutter Meuter, sobald sie in Bielefeld auftauchten, mit einem artigen Blumengruß und einem vertrauten »Du« zu beglükken pflegte: Erich Ollenhauer erging es so in der Radrennbahn, und Konrad Adenauer gewöhnte sich mit der Zeit auch an die seltsame Alte, die sich durch alle Absperrungen hindurchzuquengeln verstand und deren verbeulter Kapotthut bei seinem Auftauchen die Parteisekretäre stets in höchste Alarmstufe versetzte und irgendwie doch zur politischen Szene in Bielefeld gehörte.

Eine andere Sorte Damen, die im alten Bielefeld als »Trullerlottkens« bezeichnet zu werden pflegten, hat gerade in den ersten Nachkriegsjahren in ganz erheblichem Maße für kommunalpolitische Aufregung gesorgt, weil die einen sie am liebsten eingesperrt, die anderen sie aber gern kaserniert hätten und weil alle nicht wußten, wie mit diesem besonderen »Verkehrs«-Problem fertigzuwerden war, ohne mit dem Gesetz in Konflikt zu geraten.

Bundesweites Aufsehen erregte eine städtische Hurenhaus-Kommission, die schon 1952 auszog, um unter der Leitung des damaligen Stadtrechtsrates Graf von Baudissin in Frankfurt, Köln, Bochum und Bonn Anregungen zu sammeln, wie denn wohl die Prostitution am besten von der Straße zu bringen sei, wo sie mehr und mehr zum Ärgernis der Bürgerschaft geworden war.

*Die Kreisbahn war in den ersten Nachkriegsjahren ein wichtiges Nahverkehrsmittel, das Bielefeld mit dem Umland verband. Da sie nicht mehr mit Lastwagen und Omnibus konkurrieren konnte, beschloß der Kreistag am 20. Dezember 1957 ihre Stillegung*

Razzien auf dem Alten Friedhof, der damals etwas abschätzig »Knochenpark« genannt wurde, und an der Körnerstraße vertrieben die etwa 40 Gunstgewerblerinnen, die Anfang der fünfziger Jahre mit der Polizei Katz und Maus spielten, in die Trümmerfelder am Gehrenberg und von dort zur Viktoriastraße, nach dem Kesselbrink, Güterbahnhof und Siekerwall. Der Bund der Hausfrauenvereine mit der Vorsitzenden Hedwig Dornbusch setzte dem Rathaus mit einem geharnischten Protest zu, den auch Frieda Nadig von der Arbeiterwohlfahrt, Herta Kisker vom Deutschen Roten Kreuz und die beiden Kreistagsmitglieder Helene Landgraf und Else Zimmermann (später Deutschlands erste Landrätin) unterzeichneten. Auch Dr. Viktoria Steinbiß, von der die Rede ging, sie sei »der einzige Mann in der CDU-Fraktion«, heizte ihren Ratskollegen gehörig ein und rief, als sich schließlich bei einem von zwei Anhörungsterminen im Ratskeller eine Mehrheit von 23 gegen vier Stimmen für eine »örtliche, besser noch raummäßige Beschränkung der gewerblichen Prostitution« ergab, bissig in den Weißen Saal: »Ich denke, das ist gesetzlich verboten!« Mit dem von Dr. Hartog vertretenen Standpunkt, die Frauenvereine und Fürsorgerinnen sollten prüfen, ob ihr Kampf gegen ein Bordell im Sinne der Bevölkerung liege, »weil es doch immer und ewig Prostituierte geben werde«, mochte sich die streitbare Christdemokratin schon gar nicht abfinden, denn, so sagte sie, »das liegt doch alles nur an den Männern«.

Darauf Dr. Hartog: »Dann müssen Sie eben die Männer einsperren!«

Anzumerken bleibt übrigens, daß Bielefeld sein Eros-Center an der Eckendorfer Straße – im Gewerbegebiet, versteht sich – erst 1972 bekam, freilich auch nicht ohne massiven Widerstand von allen Seiten. Interessengemeinschaften bildeten sich, die Evangelisch-Lutherische Paulus-Kirchengemeinde erblickte eine »kaum zu überbietende Geschmacklosigkeit« darin, daß die von dem Mönchengladbacher Tankstellenbesitzer Peter Wahl geplante »gewerbliche Zimmervermietung« für Dirnen ausgerechnet neben dem Nicolaifriedhof entstehen sollte, wodurch die Andacht der Trauernden gestört werde, und das Auslieferungslager der Fichtel & Sachs AG erhob sogar eine Aufsichtsbeschwerde, weil es »erhebliche Schwierigkeiten bei der schon so prekären Personalbeschaffung geben« werde. Der Speditionsbetrieb Gebr. Mönkemöller sah gar Gefahren für seine 150 Fahrer, wenn nebenan ein Vergnügungslokal errichtet werde: »Wer wird es vermeiden können, daß unsere Fahrer abgelenkt werden bei Getränken und süßen Stunden – dies wäre eine

nicht auszudenkende Katastrophe!« Einer der unermüdlichen Leserbriefschreiber Bielefelds, von »ganz links«, der sich immer meldet, wenn er glaubt, die Gesellschaft müsse an den Pranger gestellt werden, warf dem damaligen Beigeordneten für Recht, Sicherheit und Ordnung, Dr. Eberhard Munzert, in einem Brief vor, er vertrete politisch »Stätten der Sauerei und Unzucht im moralischen und rechtlichen Sinne«. Im Prinzip sei es gleichgültig, wo ein »solches Haus kapitalistischer Schande« gebaut werde. Jedoch mit Rücksicht auf die arbeitende Bevölkerung Bielefelds, die es »besonders zu wahren gelte«, schlage er vor, »das sogenannte Eros-Center in einem Wohnviertel zu errichten, das vorwiegend von den reichen, diesem System verpflichteten Bevölkerungsschichten bewohnt werde«.

Als dann das »kunterbunte Haus« doch stand, legte sich der Sturm schnell. Vielleicht wirkte die im Juli 1972 von der »Neuen Westfälischen« verbreitete Nachricht beruhigend, daß die knapp drei Dutzend Bewohnerinnen des Dirnenquartiers hinfort pro Tag und Nacht vier Mark Einkommensteuer an Vater Staat zu entrichten hätten. Bis dahin waren die Gunstgewerblerinnen nämlich steuerfrei gewesen, und das bei einem Einkommen, das schon 1952, wie ein Richter bei dem besagten Anhörungstermin im Ratskeller mitteilte, immerhin 1500 bis 2000 DM im Monat ausmachte – gegenüber 30 DM Wochenlohn, die Bielefelder Arbeiterinnen seinerzeit am Fließband verdienen konnten.

*Bei einem aufsehenerregenden Düsenjägerabsturz am Ehlentruper Weg, am 13. Mai 1953, wurden zehn Menschen zum Teil lebensgefährlich verletzt. Der Pilot, der sich offenbar verflogen hatte, kam ums Leben. Es entstand erheblicher Sachschaden*

Merkwürdig, daß einem, wenn man in die Vergangenheit zurückblickt, weniger die großen, für die Entwicklung der Stadt wichtigen Ereignisse in die Erinnerung kommen, als vielmehr die Begebenheiten, die sich nur wegen ihrer Außergewöhnlichkeit dem Gedächtnis eingeprägt haben. Sie liegen oft ganz am Rande des Geschehens, haben viel mit subjektivem Erleben zu tun und gehören doch auch zu »Bielefeld – so wie es war«.

Daß zum Beispiel am Vormittag des 13. Mai 1953 ein holländischer Düsenjäger vom Typ »Thunderjet F 84« wie ein Blitz aus heiterem Himmel mitten ins Stadtgebiet stürzte und am Ehlentruper Weg zwei Häuser vernichtete, ist allen, die es sahen, ein unvergeßlicher Anblick. Journalisten, die sich gerade im Freibad Wiesenstraße (jetzt Werner-Bock-Straße) von Verkehrsdirektor Josef Fuchs die Vorbereitungen für die Badesaison erläutern ließen, hörten plötzlich ein lautes Aufheulen und sahen, wie das Flugzeug fast senkrecht herunterkam. Zehn Menschen wurden zum Teil schwer verletzt, vom Piloten fand man zunächst nur einen Daumen, und die Feuerwehr hatte alle Mühe, Menschen aus den Trümmern zu bergen. Siebzehn Familien wurden obdachlos.

*Die Bahnhofstraße in Blickrichtung Jahnplatz. Rechts mit Fahnenschmuck das Kaufhaus Leffers. (Juni 1956)*

Flugzeugabstürze waren übrigens in jenen Jahren häufiger als heute. Schon Anfang November 1950 war ein britischer Düsenjäger vom Typ »Vampire« über dem Wald des Bauern Nolting in Dornberg heruntergekommen. Das Fahrgestell fand man im Schaufenster des Kolonialwarenladens Tente. Ein weiterer Düsenjet ging am 22. Juli 1952 in Isselhorst zu Boden.

Der Unfall mit den meisten Verletzten, die es jemals in Bielefeld gegeben hat, ereignete sich Ende Mai 1956 auf der Eisenbahnüberführung Jöllenbecker Straße, wo ein Eiltriebwagen der Bundesbahn eine Rangierlok rammte, entgleiste und teilweise umstürzte. Nicht weniger als neunzig Verletzte mußte die Feuerwehr versorgen, und um ein Haar hätte sich eine Katastrophe ereignet, weil der Motorblock des Triebwagens von der Brücke auf die Jöllenbecker Straße fiel, auf der gerade ein vollbesetzter Straßenbahnzug herannahte.

Mindestens ebenso spektakulär war auch das Eisenbahnunglück, das sich am 17. April 1974 auf dem Brackweder Bahngelände ereignete. Dort gerieten wegen einer heißgelaufenen Achse mehrere Tankwagen mit Benzin in Brand, eine hundert Meter hohe Feuerwand schoß in den Nachthimmel, eine am Bahndamm liegende Gaststätte brannte aus, und die Hauptbahnstrecke zwischen dem Ruhrgebiet und Hannover war lange Zeit völlig blockiert. Der Gesamtschaden betrug am Ende 5,6 Millionen DM.

Zu den offensichtlich abwendbaren Unglücksfällen gehörte der Einsturz einer Hauswand beim Abbruch des Gebäudes an der Ecke Alfred-Bozu-Straße / Von-der-Recke-Straße: Während des Berufsverkehrs, am 27. März 1962 um kurz vor 17 Uhr, wurde der Wagen des Dietrich Schrumpf aus Senne I von den Steinmassen begraben, seine 27jährige Frau Renate fand den Tod. Die Ampel war gerade auf Rot umgesprungen, der Fahrer konnte weder vor noch zurück, als die Hauswand zu kippen begann. Mitarbeiter der Bielefelder Bauaufsicht hatten sich deswegen später vor Gericht zu verantworten.

Es gab aber auch nette Vorkommnisse, über die es zu schreiben lohnt. Der eine oder andere Bielefelder wird sich daran erinnern, daß der damals zehnjährige Schüler Hartmut Just den Oberbürgermeister davon überzeugen konnte, wie wichtig doch eine Rollschuhbahn für die Kinder an der Rußheider Schule sei, und als sie dann – die erste Anlage ihrer Art in Bielefeld – am 30. Mai 1952 eingeweiht wurde, kam auch der Rundfunkreporter Hasso Wolf vom Nordwestdeutschen Rundfunk.

*Die Stapenhorststraße vor ihrem Ausbau. Im Hintergrund die Kreuzung Kiskerstraße und Goldbach*

Möglich, daß die Rollschuhbegeisterung der Bielefelder eine besondere Ursache hatte. Damals nämlich wirbelten Günter Fuhr und seine vier Roleros, eine erstklassige Rollschuhartisten-Truppe aus Bielefeld, durch viele Länder Europas und des Nahen Ostens. Ihre Erfolge erregten ebensoviel Aufsehen wie die Weltreise des jungen Malers Karl-Friedrich Bendlin, der als Globetrotter sein Glück versuchen wollte und sich, nachdem er zeitweise als verschollen galt, schließlich bis ins ferne Malaysia durchschlug, wo er zu Ansehen am Königshof gelangte.

Auch Kurioses ist aus dem Vierteljahrhundert nach dem Zweiten Weltkrieg zu melden. Ein junger Mann erkletterte eines Tages den hohen Schornstein der Stadtwerke, entkleidete sich und war nur mit Mühe durch die Feuerwehr davon abzuhalten, daß er sich in die Tiefe stürzte.

Auf dem Alten Friedhof am Jahnplatz kam es im Frühjahr 1967 zu einer solchen Starenplage, daß die Anwohner keine Ruhe mehr fanden und Büsche, Bäume, Blumen und Sträucher innerhalb kurzer Zeit mit einer dicken Kotschicht bedeckt waren. Abend für Abend schwebten die Jungstare in die Parkanlage ein. Sie konnten erst vertrieben werden, als der Beigeordnete Siegfried Kralemann den für Feuerwerk zuständigen Geschäftsmann Wilhelm Busch vom Gehrenberg beauftragte, eine gehörige Menge Kanonenschläge und Magnesiumbomben mitten unter der Starenschar zu zünden. Das half.

Ansonsten pflegt in Bielefeld manches nicht ganz so »Knall auf Fall« zu gehen, wohl weil hier das Wägen stets vor dem Wagen kommt, und weil es immer wieder Ratsherren gab, die, selbst wenn sie Zugereiste waren und eigentlich gar nicht die sprichwörtliche Sparsamkeit der Bielefelder mit der Muttermilch eingesogen haben konnten, sich bei der Mittelbewilligung für größere Projekte oftmals so sträuben, als ob sie die dafür nötigen Steuergroschen aus der eigenen Tasche erstatten müßten.

Das Ergebnis läßt sich noch heute an einem niedrigen Schuldenstand und daran ablesen, daß dies und das fehlt, was eine Großstadt eigentlich zur Großstadt macht. Da tröstet es denn auch kaum, daß Bielefeld, das am 1. Oktober 1954 den Grundstein für das erste Hallenbad nach dem Krieg legte, beispielsweise durch die Gebietsreform unversehens zur »bäderreichsten Stadt« im Bundesgebiet geworden ist, wofür vornehmlich die Gemeinden ringsum gesorgt haben, die – als sie das »Unheil« kommen sahen – schnell noch für solche Einrichtungen ihr Geld anlegten, ehe sie selbst »baden gingen«.

Daß Planung in Bielefeld jedenfalls stets etwas mit einer Menge Geduld zu tun gehabt hat, dafür gibt es ein klassi-

sches Beispiel: den Schildescher Stausee. Genau am 8. August 1951 stellte Herbert Niekamp, damals neben Ernst Langenberg einer der beiden Kollegen des Autors in der Lokalredaktion, der »Freien Presse«, öffentlich die Frage: »Warum nicht ein Maschsee in Bielefeld?« Die Wiesenniederungen am Viadukt, die sich in jedem Winter bei der Schneeschmelze oder auch im Sommer, wenn nach starken Gewittergüssen die städtische Kanalisation so überbelastet wurde, daß die Kanaldeckel am Jahnplatz auf Wasserfontänen zu tanzen begannen, in eine Seenlandschaft verwandelten, könnten, so schlug er vor, sehr leicht durch einen Damm zu einer Wassersportstätte ausgebaut werden. Auch Prophetisches steht in dem Zeitungsartikel: »27 Jahre dauerte es, bis die Hannoveraner ihren Maschsee hatten – und was stand in dieser Zeit wohl alles dem Plan entgegen? –, aber heute will ihn niemand missen. Das ist gewiß!«

Auch die Bielefelder würden ihn sicher nicht missen wollen, wenn sie den Stausee, der immer wieder Wahlkampfthema Nr. 1 war und für den sich vor allem der Schildescher SPD-Ratsherr Wilhelm Wehmeier jahrelang mit Nachdruck gegen alle Bedenken der Fachleute einsetzte, wenigstens im Jahre 1977 schon hätten. Zwar sind längst viele Millionen in den Grunderwerb für diese Tageserholungsanlage gesteckt worden, und es geht langsam mit diesem Projekt weiter, aber zu dem Zeitpunkt, an dem diese Zeilen geschrieben werden, gehört immer noch eine gehörige Portion Phantasie dazu,

*Schon 1953 wurde das erste Modell des Schildescher Stausees mit Hilfe der Volksbank Schildesche angefertigt. Es war ein stolzer Tag für Wilhelm Wehmeier (Dritter von rechts mit Brille), der sich von Anfang an mit Energie für die Verwirklichung dieses Projektes einsetzte. Es sollte jedoch noch ein Vierteljahrhundert vergehen, ehe die ersten Bauarbeiten begannen*

sich vorzustellen, daß in Schildesche einmal Segelboote über eine weite Wasserfläche gleiten und Ruderer bei Regatten das Wasser mit den Riemen peitschen.

Um ein Haar wäre diese Vision schon zunichte gemacht worden, ehe sie überhaupt nur in Umrissen Gestalt annehmen konnte. Als nämlich die Hauptverwaltung der Deutschen Bundesbahn in Frankfurt Anfang Oktober 1956 den Wiederaufbau des kriegszerstörten Viaduktes beschloß, entschied sie sich aus wirtschaftlichen Gründen für eine Dammschüttung, die das Johannisbachtal (und damit den Stausee in seiner jetzt konzipierten Größe) genau in der Mitte quer durchgeteilt hätte. Eine Viertelmillion Kubikmeter Erde sollten aufgehäuft werden, um als Ersatz für die zerstörte Personenzugbrücke zu dienen, nachdem vorher schon der Güterzugteil der Doppelbrücke mit einer provisorischen Stahlkonstruktion in Betrieb genommen worden war.

*Ein wichtiger Tag für die Stadt und für die Bundesbahn: Nach dem Wiederaufbau des Viaduktes wird das Personenzuggleis wieder in Betrieb genommen. Oberbürgermeister Hinnendahl (mit Schere) war besonders froh, daß es ihm gelungen war, eine Dammschüttung zu verhindern*

*Zur Umgehung des zerstörten Schildescher Viaduktes wurde in den letzten Tagen des Krieges die sogenannte »Gummibahn« in Betrieb genommen. Wo sie einst verlief, befinden sich heute wieder Felder*

*Ein fast idyllischer Anblick: die Herforder Straße (am Nikolaifriedhof) im Jahre 1956*

Die wirtschaftlichen Argumente leuchteten dem Rat der Stadt ein, denn die Dammschüttung sollte sechs Millionen, der Brückenbau aber zehn Millionen kosten, Zahlenangaben übrigens, die immer wieder revidiert wurden, bis dann schließlich von 2,3 und 8,5 Millionen DM die Rede war, was fast noch überzeugender klang, nachdem auch die Naturschutzbehörde anfängliche Bedenken zurückgestellt und erklärt hatte, ein Damm »schwäche ohnehin den ungünstigen Eindruck ab, den die südlich der Bahnlinie gelegene Siedlung an der Talbrückenstraße im Landschaftsbild hinterlasse«.

Außerdem tröstete es den Rat, daß der Bodenaushub in den benachbarten Wiesen zu einer billigen Ausführung des Stausees beitragen werde. Daß es dennoch anders kam, gehört möglicherweise zu den seltsamen Fügungen, die es gelegentlich auch in der Kommunalpolitik gibt. Eines Tages nämlich fiel, wie er sagte, dem damaligen Finanzausschußvorsitzenden (und späterem Oberbürgermeister) Herbert Hinnendahl morgens beim Frühstück »schon das Brötchen aus dem Mund«, als er im Lokalteil ein Foto des Viaduktes entdeckte, in das ein Redakteur eigenhändig mit grauer und schwarzer Farbe einen so grauslichen Damm hineinretuschiert hatte, das jedem Betrachter angst und bange werden mußte.

Noch am selben Tage wurde Hinnendahl aktiv. Ohne Rückendeckung der mittlerweile resignierenden SPD-Fraktion rollte er das Thema nochmals auf, drängte im Alleingang darauf, daß die Stadt erneut in Verhandlungen mit der Bundesbahn eintreten solle, und erreichte tatsächlich, daß diese von der geplanten Dammschüttung abließ und doch zum Brückenbau bereit war, wenn die Stadt die etwa 800000 DM kostende Trümmerräumung selbst übernehme. So geschah es dann auch – nur daß die Bielefelder die Trümmerräumung für 300000 DM bewerkstelligten.

Wenn es ums Geld ging, fragten sie ohnehin nicht nur, wie es sich gehört, ihre eigene kommunale Sparkasse, sondern gelegentlich auch diejenigen, von denen sie vermuteten, daß sie genug davon hätten: nämlich die Vertreter der Wirtschaft in der Stadt. Das war zum Beispiel der Fall, als im Januar 1951 die Weiterführung der städtischen Bühnen sozusagen auf des Messers Schneide stand, weil der Zuschußbedarf bei einem Gesamttheateretat von 1608000 DM (1367000 DM für personelle Kosten) immerhin 809785 DM ausmachte.

*Ende Januar 1960: In Bielefeld bricht der Hundekrieg aus, nachdem Oberförster Eberhard Frohne den Afghanrüden »Nathan« im Tierpark erschossen hat. Tausend Hundefreunde versammeln sich auf dem Klosterplatz, unter ihnen auch Generalmusikdirektor Bernhard Conz (mit Schild und Pudel)*

Das war dem Rat einfach zuviel.

Zweifel, ob sich Bielefeld, wie einige sagen, »diesen kostspieligen Luxus überhaupt leisten kann«, jeden Theaterplatz mit 30 Mark zu subventionieren, gab es nicht erst im Juni 1977, als der Finanzausschußvorsitzende Karl Josef Denzer (SPD) eine jährliche Erhöhung der Eintrittspreise »nicht ausschließen mochte, um den Zuschußbedarf, der sich von 4,3 Millionen DM im Jahr 1962 inzwischen auf 14,1 Millionen DM verdreifacht hat, wenigstens zum Stagnieren zu bringen«. Schon 1953 hatte der BHE-Ratsherr Martin Vogler vor dem Rat der Stadt die Auffassung vertreten, er für seinen Teil sei radikal genug, »für den Wohnungsbau ein Leben lang aufs Theater zu verzichten«.

Auch 1951, in der erwähnten Ratssitzung, stellte der Rat ein Junktim zwischen dem Wohnungsbau und dem Theater her, obwohl beides nichts miteinander zu tun hat. Herbert Hinnendahl schrieb in einem Zeitungsartikel, 500000 DM Zuschuß für das Theater seien die Höchstgrenze, und schlug vor, die begüterten Kreise, die sich restlos für das Theater ausgesprochen hätten, sollten dem städtischen Haushalt ordentliche Mittel in Höhe von 300000 DM für das Theater oder wenigstens für den Wohnungsbau zuführen, erst dann könne er seine »Hemmungen überwinden«. Dieselbe Auffassung vertrat kurz darauf der ganze Rat: Wenn die fehlenden 300000 DM nicht von der Wirtschaft kämen, müßten »die allgemeinen Deckungsmittel erhöht werden« – eine Drohung übrigens, die Bielefelds Kommunalpolitiker alles in allem dreißig Jahre lang wie den Knüppel im Sack behielten, ehe der Rat im Jahr 1977 die Steuerhebesätze erhöhte.

Bliebe noch nachzutragen, daß Oberbürgermeister Ladebeck, gestützt auf eine Umfrage des Bielefelder EMNID-Instituts, sich stets für die Beibehaltung des Theaters einsetzte und Nägel mit Köpfen machte, indem er einen kleinen Kreis kulturell interessierter Bielefelder anregte, einen Verein zur Förderung des Kulturlebens zu gründen: Am 18. Januar 1951, unmittelbar nach der Theatersitzung des Rates, trafen sich 38 Repräsentanten des wirtschaftlichen und geistigen Lebens im Westfalenhaus am Kesselbrink und wählten den Direktor der Asta-Werke, Ewald Kipper, zum ersten Vorsitzenden der Gesellschaft, die sich später Theater- und Konzertfreunde e. V. nannte und in einem Vierteljahrhundert fraglos Beachtliches leistete, Theater und Orchester für Bielefeld zu erhalten.

In jenen Tagen ließ Hildegard Knef im ersten deutschen Sexfilm »Die Sünderin« zaghaft für einen Augenblick ihre Hüllen fallen und sorgte so dafür, daß das Bielefelder »Capitol« einen Riesenandrang und den Protest der Prüden erlebte. Damals kündigte sich auch im städtischen Orchester mit der Verpflichtung von Bernhard Conz, bis dahin Dirigent des Pfalzorchesters Ludwigshafen, eine neue Ära an. Er wurde von der Spielzeit 51/52 an Nachfolger des Musikdirektors Prof. Dr. Hans Hoffmann. Daß er nicht einmal ein Jahrzehnt brauchte, um mit dem Kulturpreis der Stadt ausgezeichnet zu werden, beweist eigentlich schon, welch einen Aufschwung das Kulturleben Bielefelds unter seinem Taktstock nahm.

Eine ganze Anzahl Bühnenkräfte brachte es in den fünfziger Jahren zu großer Popularität: Gertraude Lewisch zum Beispiel, die Sentimentale aus Österreich, die Mutter- und Charakterdarstellerin Leonore Fein, Günter Kind, Christine Gerlach, Ottokar Panning, Karlheinz Emmerich, Herbert Boetticher, Toni Berger, Heinz Theo Branding, Richard Capellmann, Traute Fölß, Hanni Seifert, Karl Frings, der auf Kosten der Theater- und Konzertfreunde ausgebildete lyrische Tenor Alexander Konya und auch der Solotänzer Karl Heinz Kind. Für einige von ihnen waren die Städtischen Bühnen Bielefeld Zwischenstation auf dem Wege in die Fernsehstudios.

Ein Schauspieler erreichte allerdings weniger durch seine darstellerische Kunst als durch völlig andersgeartete Umstände eine ungeahnte Publicity, wie sie nicht einmal der aus Bielefeld stammende deutsche Meister im Rückenschwimmen, Franz Kriesten, in seinen besten Tagen hatte: das war

*September 1968: Bei der Einweihung des Richard-Kaselowsky-Kunsthauses kommt es wegen der Namensgebung zu Protesten von Jugendlichen. Auguste Rodins »Denker« scheint über den Sinn des Protestes nachzugrübeln*

Henry König, der – sicher ungewollt – Ende Januar 1960 den Bielefelder Hundekrieg auslöste, als er seinen bildschönen Afghanrüden »Nathan« von der Leine ließ.

Niemals zuvor und wohl auch kaum nachher hat die Bielefelder etwas so aufgebracht wie die Folgen dieser Unachtsamkeit. Der städtische Oberförster Eberhard Frohne traf den frei herumlaufenden Hund nämlich im Tierpark Olderdissen an und statuierte ein Exempel für alle »wildernden Hunde«, indem er »Nathan« kurzentschlossen mit zwei Schüssen zur Strecke brachte, dies auch noch in Gegenwart der Gattin des Landeskirchenrates Emde, die gerade mit zwei Kindern in Olderdissen spazierenging.

Der Tierschutzverein mit seinem Vorsitzenden Heinz Wenzel erhob massiven Protest. Eine Flut von Leserbriefen brach über die Lokalredaktionen herein, für Nathan und gegen Frohne, aber auch für und gegen den Hundekot auf den Bürgersteigen.

Der Oberförster, der glaubte, nur seine Pflicht getan zu haben, drohte, er werde eine angekündigte Demonstration im Tierpark und vor seinem Haus »mit allen Mitteln zu verhindern wissen«, und schließlich kam es auf dem Klosterplatz zu der ungewöhnlichsten Protestkundgebung, die Bielefeld jemals erlebte: nicht weniger als 1200 Hundefreunde fanden sich im Schneegestöber mit ihren Vierbeinern ein, um ihrer Erregung Luft zu machen. Vornweg marschierten die Künstler der städtischen Bühnen, Intendant Dr. Joachim Klaiber und Generalmusikdirektor Bernhard Conz, der ein großes Schild mit sich führte, auf dem zu lesen stand: »Hunde, wollt ihr ewig leben? Ihr habt doch einen Oberförster!«

Gut acht Jahre später, im September 1968, gab es erneut einen Bürgerprotest in Bielefeld, der in der ganzen Bundesrepublik Aufsehen erregte: es ging um die Namensgebung des von Rudolf August Oetker gestifteten Kunsthauses. Dieses sollte, entsprechend einer schon fünfzehn Jahre zuvor zwischen dem Konzernherrn und dem Oberbürgermeister getroffenen Vereinbarung, dem städtischen Kunstbesitz wieder eine Bleibe geben und zugleich auch an die Opfer des Zweiten Weltkrieges erinnern, darunter den Stiefvater des Stifters, Richard Kaselowsky, der allerdings – und das war der Streitpunkt – dem Freundeskreis des Reichsführers SS Heinrich Himmler angehört und dem NS-Regime zweimal einen Betrag von 40000 RM als Julspende überreicht hatte. Zeitgeschichtler bestätigten zwar, daß er niemals als fanatischer Nationalsozialist in Erscheinung getreten sei, aber das nützte alles nichts:

*Für Bielefeld verlorengegangen: das Deutsche Spielkartenmuseum auf der Sparrenburg, in dem Karten aus allen Erdteilen und fünf Jahrhunderten gezeigt wurden. Zusammen mit der Bielefelder Spielkartenfabrik wurde es verkauft*

*Die »schwarze Madonna« in der St. Jodokuskirche stammt aus dem Jahre 1230 und ist damit so alt wie Bielefeld. Dieses wichtigste Bielefelder Kunstwerk hatte ursprünglich seinen Platz in der Neustädter Marienkirche*

In jenen Tagen kam es knüppeldick für den Bielefelder Rat, der einerseits den Stifter, der damit ein Vermächtnis seiner Großmutter Caroline Oetker erfüllt und zugleich eine steuersparende Wohltat für seine Heimatstadt vollbracht hatte, nicht brüskieren wollte und dennoch eigentlich auch die Argumente derjenigen verstehen mußte, die sich auch mit dem modernsten deutschen Kunsthaus, dessen Pläne der bekannte amerikanische Architekt Philip C. Johnson im Zusammenwirken mit dem Bielefelder Museumsdirektor Dr. Joachim Wolfgang von Moltke entwickelt hatte, nicht ihren politischen Schneid und ihre Gesinnung abkaufen lassen wollten. Keineswegs nur der Club »Linke Baracke«, auch viele Vertreter des geistigen Lebens der Stadt machten Front gegen die Namensgebung. Ministerpräsident Heinz Kühn zog sogar die Zusage zur Teilnahme an den geplanten Einweihungsfeierlichkeiten zurück, die daraufhin abgeblasen wurden und nur noch in Form einer stillen Übergabe stattfanden.

Zu den Unterzeichnern eines Briefes, in dem der Rat aufgefordert wurde, seinen »Beschluß zur Namensgebung aufzuheben und in eine erneut alle vorgetragenen Bedenken öffentlich prüfende Diskussion einzutreten«, gehörten auch der Komponist Prof. Hanswerner Henze, der eigens ein Klavierkonzert komponiert hatte, und der Pianist Christoph Eschenbach, der es anläßlich der Übergabe des Kunsthauses in einer Welturaufführung spielen sollte und – auch spielte, da das Konzert nicht mehr rückgängig zu machen war. Henze hatte übrigens die 50000 DM Honorar von seinem Auftraggeber Oetker bereits kassiert, ehe auch nur eine einzige Note auf dem Papier stand. Der Konzernchef und der Oberbürgermeister weigerten sich, das Konzert zu besuchen.

Der Rat blieb ebenfalls weiter standhaft, wohl auch in der Überlegung, daß bei einem Geschenk von 11,5 Millionen Mark, zu dem die Stadt noch 1,3 Millionen DM hinzulegen mußte, sicher die westfälische Spruchweisheit gilt, daß man einem geschenkten Gaul nicht ins Maul schaut, selbst wenn dieser sich nachher wegen der hohen Betriebskosten als »weißer Elefant« entpuppt.

Kurios war allerdings, daß der Rat der Stadt seine (einstimmige) Entscheidung in einer öffentlichen, aber dennoch geschlossenen Sitzung traf. Oberstadtdirektor Heinz Robert Kuhn, als Präsident des Bundesverbandes für den Selbstschutz, versiert in Katastrophen aller Art und stets besonders agil, wenn es darum ging, irgend etwas generalstabsmäßig zu organisieren, hatte bereits lange vor Sitzungsbeginn die Tribüne des Ratssaales mit städtischen Bediensteten besetzen lassen, weil die sich, wie er später sagte, über den Haushalts- und Stellenplan informieren sollten, »was ja allgemein üblich« sei. Während er selbst mit einem Funksprechgerät die Abschirmungsmaßnahmen gegen Demonstranten überwachte, regelte Verwaltungsrat Rudolf Kohlmann, der quicke Leiter des Hauptamtes, den Verkehr draußen auf dem Flur. Pünktlich um 15.30 Uhr wurden die Rathaustüren verriegelt, weil angeblich »kein Amt mehr Sprechstunde« hatte, und selbst der eigens zur Vereidigung

*Der Paderborner Erzbischof Lorenz Kardinal Jäger bei einer Firmung in Bielefeld. Im Hintergrund Dechant und Domkapitular Heinrich Sunder*

aus Herford angereiste neue Beigeordnete für Recht, Sicherheit und Ordnung, Dr. Eberhard Munzert, hätte um ein Haar unverrichteter Dinge wieder kehrtmachen müssen, weil ihm zunächst niemand Einlaß gewähren wollte. Genauso erging es einem jungen Bediensteten, der um 15.45 Uhr ans Portal klopfte und sich darauf berief, vom Ausgleichsamt geschickt worden zu sein. Er bekam die Antwort: »Wir brauchen Sie nicht mehr, der Saal ist schon besetzt!« Selbst Feuerwehrleute hatte Kuhn aufgeboten. Sie mußten »alle Feuerlöscher im Rathaus überprüfen«, wie ihr Chef Herward Wulf ebenso gewichtig wie blauäugig versicherte.

Es mag übrigens wie eine Ironie des Schicksals erscheinen, daß ausgerechnet ein anderer Richard Kaselowsky, nämlich der Sohn dessen, nach dem das Kunsthaus dann doch benannt ist, vier Jahre nach dem Spektakel dafür sorgte, daß Bielefeld eine andere kulturelle Einrichtung verlor, nämlich das weithin bekannte Deutsche Spielkartenmuseum auf der Sparrenburg, ohne daß vorher im Rathaus auch nur einer etwas davon erfahren hatte. Selbst Museumsdirektor Dr. von Moltke gestand nachher, er sei »ahnungslos wie eine Taube« gewesen. Als der Fall publik wurde, war es schon zu spät: Kaselowsky hatte die von ihm zusammengetragene ausgezeichnete Sammlung, die alljährlich von 6000 Besuchern bestaunt wurde, mitsamt seiner Bielefelder Firma »Bielefelder Spielkarten« an die Stuttgarter Konkurrenz, die »Vereinigten Altenburger Spielkartenfabriken« verkauft. Vor der Öffentlichkeit gab sich Kaselowsky betrübt: »Ich habe mein Kind verloren!« Ein Fall menschlicher Tragik also? Sicher ein herber Verlust für Bielefeld.

Daß übrigens das Verhältnis der Bielefelder zu ihren Mäzenen nicht immer völlig ungetrübt und von Dankbarkeit geprägt ist, zeigte auch ein Vorfall, der einige Zeit nach der Einweihung des Kunsthauses allgemeines Aufsehen erregte. Als Rudolf August Oetker den amerikanischen Architekten Philip Johnson beauftragte, sozusagen »gleich in einem Abwasch«, für seine Familie ein neues Grabmal auf dem Johannisfriedhof zu schaffen, weil die ursprüngliche Grabstätte wegen des Ostwestfalen-Dammes verlegt werden mußte, gab es hämische Bemerkungen über das angebliche »Mausoleum« in den »Blättern des Jugend-Kulturrings«, die ein Vierteljahrhundert lang mit Kritik niemals sparten und, soviel bundesweite Anerkennung sie auch fanden, in Bielefeld schon manchen Sturm entfachten. Oetker verzichtete schließlich auf sein Vorhaben, so daß nun die sterblichen Überreste des Firmengründers, Dr. August Oetker, seines 1916 vor Verdun gefallenen Sohnes (Vater des jetzigen Firmenchefs) und ihrer Angehörigen unter einer schmucklosen Rasenfläche liegen, ohne einen Grabstein, ohne ein Kreuz. Nichts kennzeichnet die letzte Ruhestätte derer, die auch ein gutes Teil dazu beigetragen haben, Bielefeld zu dem zu machen, was es ist.

Wer Bielefelds ältestes und sicher auch kostbarstes Kunstwerk sucht, findet es allerdings nicht im Kunsthaus, sondern in der St.-Jodokus-Kirche: die »Schwarze Mutter Gottes«, ein mit Silber überzogenes, holzgeschnitztes Marienbild, das fast genauso alt wie die Stadt selbst ist und als das bemerkenswerteste Zeugnis sakraler Kunst im Ravensberger Land gilt. Seine Odyssee kündet zugleich davon, daß die Bielefelder mit Kunst bisweilen nichts Rechtes anzufangen wußten, denn das Madonnenbild, das ursprünglich seinen Platz in der Neustädter Marienkirche hatte und dort auch verblieben war, als die Stellen an dieser Stiftskirche nach dem Religionsrezeß von 1672 im Verhältnis 14/10 evangelisch–katholisch besetzt wurden, landete schließlich unbeachtet in der Sakristei der St.-Jodokus-Kirche, nachdem König Jérôme 1810 das Kapitel aufgelöst hatte und 1818 der letzte katholische Gottesdienst in der Kirche gefeiert worden war.

Der Guardian des Franziskanerklosters hatte eigentlich den Auftrag, das Inventar der Marienkapelle, die den Katholiken zuletzt noch geblieben war, an arme Gemeinden zu verschenken, aber er fand, da sei eine Ausnahme zu machen: Die Madonna dürfte die Ringmauern Bielefelds nicht verlassen. Sie wurde, als nach Auflösung des Franziskanerklosters durch preußische Kabinettsordre von 1829 die St. Jodokuskirche Weltpriestern zur Betreuung übergeben wurde, allerdings wenig beachtet und – wie gesagt – einfach beiseite gestellt, nachdem die barocke Innenausstattung von St. Jodokus in neugotischem Sinne überholt worden war. Die Madonna kam 1910 in das Paderborner Diözesanmuseum und würde dort auch heute noch sein, wenn sie nicht Dechant Heinrich Sunder bald nach seiner Einsetzung im Jahre 1954 wieder zurückgeholt hätte. Nur mit einer Bescheinigung seines Vorgängers, des Domkapitulars Johannes Schmidt, gelang es ihm, das durch die Jahrhunderte hochverehrte Marienbild für St. Jodokus zurückzugewinnen. Als er eines Tages zusammen mit dem Kunstmaler Wilhelm Heiner nach Münster zum Landeskonservator fuhr, um diesem stolz das gotische Kunstwerk zu zeigen, tat dieser ziemlich gleichgültig und riet dem Dechanten: »Verkloppen Sie doch das olle Ding und kaufen Sie sich etwas Modernes dafür!« Sunder aber ließ sich nicht beirren und konnte mit der Zeit sogar die Geschichte der schwarzen Madonna lückenlos rekonstruieren. Er war es auch, der dafür sorgte, daß heute St. Jodokus eine Fülle von Kunstwerken enthält, darunter eine aus dem Aachener Dom stammende Figur des Kirchenpatrons aus der Zeit um 1480. Bemerkenswert ist das Marienretabel aus dem Jahre 1510, das aus dem Dom von Sitten in der Schweiz stammt und der Kirche 1964 von einem Bielefelder Fabrikanten vermacht wurde, der diese aus Weichholz geschnitzte Kostbarkeit bei einer Auktion ersteigert und sie zunächst in sein Wohnzimmer gestellt hatte, bis es ihm zuviel wurde, daß seine Familie den Raum scherzhaft als »Kapelle« bezeichnete. Erwähnt werden muß auch der Ikonenaltar des emigrierten russischen Malers Alexey Alexandrowitsch, sozusagen ein »Zufallsprodukt«, das seine Entstehung einem Auftrag verdankt, den der Künstler nicht ausführen konnte. Er sollte die vierzehn Stationen eines Kreuzweges malen, aber er lehnte ab, weil es in der Ostkirche dafür kein Vorbild gibt, und malte statt dessen das Leben Jesu auf sechzehn Tafeln, ohne daß Auftraggeber und Künstler zunächst eine Vorstellung von der endgültigen Verwendung hatten. Dechant Sunder glaubte anfangs auch, das Geschenk ablehnen zu müssen, als er jedoch die Tafeln sah, von deren Gold und leuchtenden Farben eine ungeheure Faszination ausgeht, war ihm sofort klar, daß sie einen würdigen Altaraufbau abgeben könnten, der sich gut in die spätgotische Kirche einfügen würde. Eine siebzehnte Tafel wurde ebenfalls in Auftrag gegeben, und als alle Bilder schließlich mit einem schlichten Eichenrahmen zusammengefügt waren, besaß St. Jodokus den ersten Ikonenaltar, der in einer katholischen Kirche steht – ein säkulares Ereignis im ersten Jahr des zweiten Vatikanischen Konzils.

Einige hundert Jahre älter ist der von einem unbekannten flämischen Meister stammende Altar in der Altstädter Nicolaikirche, der ebenfalls zu den wenigen Kostbarkeiten Bielefelds gehört. Die Kirche, die neun Jahre nach ihrer Vernichtung, am 30. September 1953, wieder eingeweiht wurde, blieb noch weitere zehn Jahre ohne Turm. Dieser wurde am 30. September 1963, dem Jahrestag der Zerstörung, nach Plänen des Hamburger Architekten Bernh. Hopp vollendet. An den neuen Turm, dessen Kosten von 2,5 Millionen DM zur Hälfte durch Spenden aufgebracht worden waren, mochten sich alte Bielefelder anfangs gar nicht gewöhnen. Sie hätten lieber einen Wiederaufbau des alten Barockturmes gesehen, der 1737 an die Stelle eines ursprünglich ebenfalls spitzen, durch Blitzschlag vernichteten Turmes getreten war. Aber der Landeskonservator hatte kategorisch eine »klare Unterscheidung zwischen Turmsockel und Turmkrone« gefordert, und die wurde auch erreicht – durch ein Betonzwischenstück.

Beim Turmbau gab es übrigens unvorhergesehene Schwierigkeiten. Bevor die Wiederaufbauplanung im Jahr 1961 so weit gediehen war, daß der Kirchturmstumpf einen »der Bedeutung der ältesten Pfarrkirche Bielefelds angemessenen Turmaufbau« erhalten konnte, beschloß der Rat der Stadt einen Bebauungsplan, nach dem vorgesehen war, einen Durchbruch durch den Turmsockel zu schaffen, durch den hinfort die Fußgänger gehen sollten, damit die Fahrbahn der Niedernstraße (die später zum Glück von jeglichem Verkehr befreit wurde) mehr Platz für Autos böte. Aber dieser verwegene Plan fand keine Ausführung, weil sich schließlich herausstellte, daß der Turmschaft brüchig war. Es gab Hohlräume im Gemäuer, die Fundamente bestanden, wie bei fast allen mittelalterlichen Kirchen, aus mehr oder minder großen Findlingen und reichten nur 1,80 Meter in den Untergrund, was schließlich umfangreiche Sicherungsmaßnahmen erforderlich machte. So mußten 60000 Liter Wasserglas und Chlorkalzium in den Boden gepumpt werden, ehe der Bau des Turmhelmes beginnen konnte.

Das von Rudolf August Oetker gestiftete und von Professor Gerhard Marcks geschaffene Bronzeportal mit Szenen aus der Leidensgeschichte Christi hat in der ersten Zeit wiederholt im Blickpunkt des öffentlichen Interesses gestanden, weil sich die Kriminalpolizei lange vergebens bemühen mußte, einen Mann zu fassen, der nachts immer wieder mit Fleiß bestimmte Körperteile der nackt dargestellten römischen Legionäre blank zu polieren pflegte, woran Kirchgänger Anstoß nahmen.

Ähnliche Probleme wie beim Turmbau der Altstädter Kirche gab es hernach auch beim Wiederaufbau der Neustädter Marienkirche, deren Fundamente ebenfalls neu befestigt werden mußten. Nach Plänen von Professor Denis Boniver erhielt auch sie nicht mehr ihre alten Barocktürme zurück, sondern auf die 34 Meter hohen Turmstümpfe wurden 40 Meter hohe, achteckige Stahlbetonspitzen mit Kupferbeschlag aufgesetzt. Ihre Kosten von 1,8 Millionen DM wurden zu gleichen Teilen durch das Patronatsdrittel des Staates, durch eine Spende von Rudolf August Oetker und durch einen Zuschuß des Gesamtverbandes der Evangelischen Kirchen Bielefelds aufgebracht. Auf eine Turmuhr hatte man allerdings verzichtet, weil »heute doch jedes Kind eine Armbanduhr hat«, wie der um den Wiederaufbau sehr verdiente Kirchenbaukirchmeister Hanns Werner Dieterle damals meinte. Immerhin fehlten im Mai 1966 noch weitere 300000 DM, um die Renovierung und den Wiederaufbau der damals 673 Jahre alten gotischen Marienkirche endgültig abzuschließen, in der sich auch das Tumbengrab des Grafen Otto III., des Stifters der Kirche, befindet.

*Die schöne Barockkanzel der Neustädter Marienkirche wurde im Rahmen der Erneuerung des Kirchenschiffes ebenfalls restauriert. Kirchbaukirchmeister Hans Werner Dieterle (Mitte) und Pastor Frommhold schauen dem Restaurator H. Hesse bei der Arbeit zu*

*Der Richtkranz auf dem Dach der wiedererrichteten Altstädter Nicolaikirche*

Selbst in kirchlichen Kreisen gab es seinerzeit kritische Stimmen gegen den ganzen »übertriebenen Aufwand«, den einige auch darin erblickten, daß die 1,50 Meter hohen Wetterhähne mit 23¾karätigem Gold belegt worden waren. Pastor Fritz Hufendiek von der Matthäusgemeinde fragte in einem Leserbrief ganz unverblümt, was denn eigentlich solch ein »kostspieliger Unsinn« solle, und wer denn da noch für die Mission oder »Brot für die Welt« spenden wolle, »wenn die Kirche auf diese Weise unser Geld verpulvert«. Er warf der evangelischen Kirche vor, sie »investiere ihr Geld lieber in Beton als in lebendige Menschen«. Heute allerdings empfindet kaum noch jemand beim Anblick der schmucken, schlanken Türme etwas anderes als Freude darüber, daß sie als sichtbares Zeichen eines vollendeten Wiederaufbaues in den Himmel über Bielefeld ragen.

*Das Torschreiberhaus, in dem sich lange Zeit die Städtische Zahnpoliklinik und nach dem Zweiten Weltkrieg der Suchdienst des DRK befanden, stand an der Ecke Notpfortenstraße/Alfred-Bozi-Straße, vor dem Trocadero (jetzt Neubau Beamtenheimstättenwerk). Obwohl ein Bauwerk von historischer Bedeutung, wurde es 1961 vom wachsenden Verkehr überrollt*

Daß in diesem Zeitabschnitt manches verschwand, das auch heute noch der Stadt gut zu Gesicht stände, ist allerdings unbestritten. Zu den vielen steinernen Zeugen der Vergangenheit, deren Abbruch ein paar Jahre später schier undenkbar gewesen wäre, gehörte auch das Torschreiberhäuschen, ein kleines hutzeliges Gebäude mit einem Teil runden Grundriß an der Einmündung der Notpfortenstraße/Oberntorwall. Hinter seinen efeuumrankten Mauern befand sich lange Zeit die zahnärztliche Poliklinik der Stadt, ehe hier schließlich der Suchdienst des Deutschen Roten Kreuzes das Schicksal zahlreicher Bielefelder Vermißter zu klären versuchte.

Daß es an dieser Stelle einmal eine Notpforte gegeben hat, gilt als erwiesen, wenngleich sie auch kaum jemals als ständiges Stadttor benutzt worden sein mag. Gleichwohl mögen auch in diesem Torschreiberhaus einstmals jene Laufzettel ausgefüllt worden sein, mit denen alle Waren, die in der Stadt umgeschlagen werden sollten, auch noch nach der preußischen Steuerreform von 1820 versehen sein mußten. An den Toren wurden die Waren registriert, und im Rathaus wurde kassiert, vornehmlich die Mehl- und Schlachtsteuer, eine Umsatzsteuer auf Lebensmittel. Erst als 1847 die Klassensteuer in Preußen eingeführt wurde, konnten auch die Mauern der Stadt geschleift werden, die vorher als Zollgrenze große Bedeutung hatten.

Verständlich also, daß es im November 1961, als der Ausbau der Alfred-Bozi-Straße sich bis an das Torschreiberhaus vorgeschoben hatte, viel Wirbel gab. Es war noch einmal wie in alten Zeiten: kein Weg führte am Torschreiberhaus vorbei, das Oberstadtdirektor Kuhn schlichtweg als »das Ding« bezeichnete und das in einem Leserbrief »dubiose Bruchbude« genannt wurde. Dennoch ist es mit Sicherheit wert gewesen, als letzter Rest der alten Stadtmauer und Baudenkmal mit überörtlichem historischem Wert, wie das »Westfalen-Blatt« damals schrieb, erhalten zu bleiben. Die »Westfälische Zeitung« indessen fragte, »ob man Bielefeld zu einer Art Verkehrs-Wolkenkuckucksheim degradieren wolle, dessen Bürger es vorziehen, ein in seinem Wert zumindest umstrittenes Torschreiberhaus mit Tränen der Rührung zu bestaunen und bei dieser gefühlvollen Handlung von einem aus den Fugen geratenen Verkehr über den

*Um ein Haar wäre auch dieses Gartenhaus im Park der Osthoffschen Villa, Detmolder Straße 40, dem Erdboden gleichgemacht worden, als das Gelände 1953 für die Errichtung von Wohnhäusern parzelliert worden war. Schließlich ließ die Stadt dieses bemerkenswerte Beispiel des Klassizismus, das einem Schüler Schinkels zugeschrieben wird, Stein für Stein abtragen und im Nordpark (siehe unteres Bild) wieder aufbauen*

Haufen gefahren zu werden«. Zwar verfügte Oberbürgermeister Dr. Rudolf Nierhoff, als die Proteste nicht nachließen, noch eine letzte Gnadenfrist, aber dann rückte das Abbruchkommando doch an. Heute würde man das Torschreiberhaus womöglich Stein für Stein abtragen und an anderer Stelle neu errichten. Daß man es nicht hätte stehenlassen können ist auch gewiß: es würde heute genau die Alfred-Bozi-Straße vor dem Beamten-Heimstättenwerk blockieren.

Besser erging es da schon dem heute im Nordpark stehenden »kleinen Teehaus«, das einstmals die Zierde des Osthoffschen Parks an der Detmolder Straße war. Als ein Werkkunstschüler, um sich ein paar Mark Honorar zu verdienen, eine Zeichnung des Häuschen bei der »Freie Presse«-Lokalredaktion einreichte, brachte er damit, ohne es zu ahnen, die erste Denkmalschutzaktion nach dem Krieg in Bielefeld in Gang. Fachleute wurden nämlich aufmerksam und erkannten den Wert des Bauwerks, das einem Schinkel-Schüler zugeschrieben wird. Das Landeskulturamt Münster legte der Stadt nahe, das Gebäude zu erhalten. Ehe der Rat sich jedoch dazu durchringen konnte, gab es noch viel politischen Hickhack: der Bauausschuß sagte nein zu einer Verpflanzung in den Nordpark, der Hauptausschuß aber stimmte zu, nicht zuletzt aufgrund des hartnäckigen Drängens des FDP-Ratsmitgliedes (und späteren Bürgermeisters) Walter Buddeberg. Die damaligen Mehrkosten von 40000 DM für Abbruch und Neuaufbau erscheinen heute vergleichsweise gering, für den Rat waren sie aber immer noch eine Menge Geld. Den Ausschlag gab letzten Endes, daß man das Häuschen auch als Toilettengebäude verwenden konnte – was dann aber gottlob unterblieb.

Der Park der Osthoffschen Villa, dessen Anlage einst 20000 gute deutsche Reichsmark gekostet hatte und der mit seinem amerikanischen Pyramideneschen, zwanzig Meter hohen Tulpenbäumen und riesigen Koniferen nicht nur ein Treffpunkt der High Society im vorigen Jahrhundert gewesen war, sondern auch viele Botaniker aus aller Welt angelockt hatte, war vom Gesamtverband der Textilindustrie als Kapitalanlage gekauft und schließlich für Wohnhausbau parzelliert worden. Die Stadt hatte in den Jahren 1942 bis 1952 ihr Vorkaufsrecht nicht genutzt.

*Dr. Hans-Ulrich Schmidt über zwei Jahrzehnte Chef des Garten-, Forst- und Friedhofsamtes hatte entscheidenden Anteil daran, daß Bielefeld eine »freundliche Stadt am Teutoburger Wald« wurde. Er konzipierte ein weitverzweigtes Grünsystem*

Daß übrigens auch das Landgericht, immerhin eines der markantesten Baudenkmäler der Kaiserzeit, zu den Gebäuden zählt, die schon auf der Abbruchliste standen, ist inzwischen fast wieder in Vergessenheit geraten. Bereits 1954 gab es Pläne des Staatshochbauamtes, das zum Teil in den Jahren 1875 bis 1880 entstandene Gebäude mit seinem unwirtschaftlichen und unzweckgemäßen Grundriß in drei Bauabschnitten abzureißen und durch Neubauten zu ersetzen. Dies sollte im Laufe von zehn bis fünfzehn Jahren geschehen, wie Landgerichtspräsident Dr. Freiherr von Münchhausen und der Leiter des Staatshochbauamtes, Oberbaurat Hans Leupold am 16. März 1965 verkündeten. Es sollte Platz geschaffen werden für eine großzügige Lösung mit einem zehngeschossigen quadratischen Baukörper an der Ecke Detmolder Straße/Gerichtsstraße, nachdem ein ursprünglich geplantes Hochhaus, das sogar noch den Teutoburger Wald überragen sollte, durch Einspruch der Stadt ad acta gelegt worden war. Der Rat fand das Endergebnis »städtebaulich ideal«, doch wollten sich die Bürger damit nicht abfinden. Es gab Proteste, und schließlich ließ Landesjustizminister Dr. Sträter wissen, außer einem Erweiterungsbau – der dann auch für 13 Millionen DM errichtet wurde –

*Das Landgericht vor dem Abbruch des Seitenflügels (1949)*

*Das Max-Planck-Gymnasium zieht aus dem Ratsgymnasium aus und marschiert zur neuen Schule an der Stapenhorststraße (1960)*

*Eine ungewöhnliche Aufnahme: Der Betriebshof Sieker während eines Streiks im Februar 1974. Inzwischen ist der Betriebshof mit einem Aufwand von 30 Millionen DM ausgebaut worden, damit er auch im Stadtbahnzeitalter noch seine Aufgabe erfüllen kann*

würden keine Neubauten erwogen. Der Bund der Steuerzahler lobte die Festigkeit des Ministers, durch die – wie er schrieb – ein »neues Beispiel von Maßlosigkeit auf dem Gebiet der Bauinvestitionen« vermieden worden sei. Dabei waren die 30 Millionen, die die Gesamtlösung verschlungen hätte, noch harmlos gewesen, verglichen mit manchem, was nachher in Bielefeld geschah.

Wer sich die Mühe macht, in alten Haushaltsplänen zu blättern, stößt auf ganz erstaunliche Zahlen: Das Gesamtvolumen kommunaler Ausgaben in der alten Stadt Bielefeld (von 1948 bis 1972) betrug immerhin 3945268990 DM, also nahezu vier Milliarden DM, von denen gut drei Milliarden auf Personal- und Sachkosten entfielen, während knapp eine Milliarde DM für Investitionsmaßnahmen verwendet wurden, nämlich unter anderem 123,9 Millionen DM im Schulbau, 257,7 Millionen DM im Straßen- und 67,9 Millionen DM im Kanalbau.

Diese Entwicklung setzte sich auch nach der Gebietsneuordnung fort, durch die sich allerdings das bis dahin stetig von 32,8 Millionen DM im Jahr 1948 auf 338,3 Millionen DM gewachsene Haushaltsvolumen schlagartig auf gut 604 Millionen DM aufblähte. Der Jahresbetrag hat sich nach einem Rekordvolumen von 831,9 Millionen DM im Jahr 1976 inzwischen auf rund 800 Millionen DM eingependelt. Allein in den ersten fünf Jahren nach der Gebietsreform kam der Gesamtumfang aller Haushalte mit 3,8 Milliarden DM nahezu den Summen gleich, die die alte Stadt in dem ganzen Vierteljahrhundert zuvor für ihre Zwecke zur Verfügung hatte. So konnten nach der Neuordnung abermals 190,8 Millionen DM in Schulen, 262,9 Millionen DM in Straßen und gut 106 Millionen DM in den Kanalbau investiert werden.

Daß daneben die Stadtwerke in allen Jahren erhebliche Anstrengungen unternommen haben, die Lebensqualität in Bielefeld zu verbessern und die Energiebasis für einen wirtschaftlichen Aufschwung zu schaffen, ist unbestritten. Ein entscheidender Schritt war 1952 bereits die Gründung der Interargem, eines Zusammenschlusses der Stadtwerke mit dem Elektrizitätswerk Minden-Ravensberg und der Wesertal GmbH in Hameln, die schließlich in Veltheim ein Gemeinschaftswerk bauten, das heute einen großen Teil des Bielefelder Strombedarfs deckt, der mittlerweile auf 1,1 Milliarden Kilowattstunden angestiegen ist.

Eine wahre Pionierleistung vollbrachten die Stadtwerke jedoch zu Beginn der sechziger Jahre mit der Umstellung auf ungiftiges Erdgas. Bielefeld wurde die erste deutsche erdgasversorgte Großstadt, ein Strukturwandel, der damals ein erhebliches unternehmerisches Wagnis bedeutete, mit dessen Gelingen der Name des technischen Direktors Dr. Harald Kemmer für immer verbunden bleiben wird. Seitdem in den ersten Dezembertagen des Jahres 1961 erstmals Erdgas durch eine 90 Kilometer lange Hochdruckleitung von den südoldenburgischen Gasfeldern nach Bielefeld floß, hat sich der Gasverbrauch im Versorgungsgebiet der Stadtwerke verzwölffacht (auf 320 Millionen Kubikmeter im Jahr 1976).

*Ein Fanal für Bielefeld: das erste Erdgas aus den südoldenburgischen Erdgasfeldern wird in den ersten Dezembertagen 1961 an der Übergangsstation Vilsendorf vom technischen Direktor der Stadtwerke, Dr. Harald Kemmer, abgefackelt*

Dies war – zusammen mit dem Ausbau der Fernheizung ab 1955 – ein entscheidender Beitrag zur Verbesserung der Umweltbedingungen. Würden nämlich alle diejenigen, die heute mit Fernwärme, Erdgas und Heizstrom von den Stadtwerken beliefert werden, mit festen oder flüssigen Brennstoffen heizen, so wäre die Bielefelder Stadtluft zusätzlich in jedem Jahr mit vielen Millionen Kubikmetern ruß-, staub- und schwefelhaltigen Abgasen geschwängert. Der Aufwand von zehn Millionen DM, den allein die Stadtwerke tragen mußten, hat sich schon deshalb gelohnt. Auch sonst wurde einiges in Bewegung gesetzt: In 50000 Haushaltungen, 285 gewerblichen Betrieben und 245 Industriebetrieben waren 89000 Gasgeräte aufzunehmen und entweder zu ersetzen oder umzubauen. Nicht nur für 3560 Gaslaternen, die durch 4000 Elt-Leuchten ersetzt wurden, schlug die letzte Stunde, auch 16000 alte Gaskochgeräte wurden ausgetauscht. Ihr Schrott wog 800 Tonnen und füllte einen Güterzug mit vierzig Waggons. Für den Transport der Gasgeräte, die in einer Spezialwerkstatt umgerüstet wurden, und der Leihgeräte, die die Kunden in der Zwischenzeit erhielten, mußten 68000 Kilometer gefahren werden, 1,7 mal der Erdumfang.

Als alles vorüber war, brauchten die Bielefelder, die dem Kohleofen ade gesagt hatten – es waren einige tausend – auch keine Sorge mehr zu haben, daß ihre Blumen auf der Fensterbank eingingen »wie die Primeln« und andere Topfpflanzen, die die Stadtwerke aus Anlaß des hundertjährigen Bestehens der Gasversorgung 1956 bei einer Jubiläumsschau an der Heeper Straße (heute Friedrich-Verleger-Straße) zusammen mit einer Stadtgasheizung in eine Vitrine gestellt hatten, um das Gegenteil zu beweisen – allerdings mit totalem Mißerfolg.

Ein Riesenerfolg für die Bielefelder und ein Ereignis, das so schnell niemand vergißt, war die 750-Jahr-Feier im Jahre 1964. Auf dem Programm standen eine Feierstunde in der Oetkerhalle mit einem Festvortrag von Dr. Engel, Aufführungen von Mozarts »Zauberflöte« und Henrik Ibsens »Stützen der Gesellschaft«, eine Ausstellung »Gotische Kunst in Bielefeld«, ein Serenadenabend und ein offenes Singen auf der Sparrenburg mit Friedrich Feldmanns Jugendkammerchor, ein Tag der Nachbarschaften, Sportveranstaltungen, ein Feuerwerk und eine Jubiläumsausstellung an der Radrennbahn.

*Nach der Einführung des Erdgases hat das Gaswerk der Stadtwerke ausgedient. Es wird abgebrochen (1963)*

*Die 750-Jahr-Feier der Stadt Bielefeld 1964 wurde unter anderem auch mit einem Offenen Singen im Blauen Saal der Sparrenburg begangen. Vorn rechts der später tödlich verunglückte Beigeordnete für Recht, Sicherheit und Ordnung, Siegfried Kralemann, links neben ihm Oberstadtdirektor Heinz Robert Kuhn*

In einer Festsitzung, in der der Rat unter anderem den Umbau des historischen Gebäudes Welle 61 zum kulturhistorischen Museum beschloß, sagte Oberbürgermeister Hinnendahl, man müsse sich daran gewöhnen, nicht mehr in den Grenzen der Stadt zu denken. Die eben gebildete Planungsgemeinschaft von Stadt und Landkreis sei erst ein Anfang für die kommunale Zusammenarbeit (die, wie an anderer Stelle nachzulesen sein wird, sicher nicht immer besonders eng und erfreulich war). Die Bielefelder sollten sich durch die Größe der Aufgaben nicht irremachen lassen.

Dabei dachte er auch an das schon lange anvisierte Ziel einer Universität, das Kernstück der Bielefelder Bildungsszene. Als er am 5. Oktober 1963 den dritten und letzten Bauabschnitt der Carl-Severing-Schulen der Bestimmung übergab, verband er mit dem Hinweis, daß Bielefeld bis dahin nicht weniger als 31 Volksschulen, fünf Realschulen und fünf Gymnasien sowie drei Berufsfachschulen gebaut und noch drei weitere Volksschulen im Bau hatte, die Wunschvorstellung: »Jetzt fehlt nur noch eine Universität!«

Wenn es später vielleicht auch den einen oder anderen Bielefelder gegeben haben mag, der beim Anblick des 600-Millionen-DM-Bauwerkes der Universität und demonstrierender Studenten wirklich geseufzt hat, die Uni habe der Stadt »gerade noch gefehlt«, so besteht doch kein Zweifel, daß die Standortentscheidung der Landesregierung allgemeine Freude auslöste. Jedenfalls schlug es wie eine Bombe ein, als Ministerpräsident Franz Meyers sie am 6. Juni 1966 im Ratskeller bei einer Tasse Kaffee vor Journalisten eher beiläufig bekanntgab. Der CDU-Bundestagsabgeordnete Helmut von Bockelberg hatte ihn zuvor bekniet, er müsse »nun aber auch endlich ein Wort zur Universität sagen«, was Meyers dann auch tat, ohne die Zustimmung des Kabinetts zu haben.

*Ein Ausschuß zur Vergabe künstlerischer Arbeiten wachte lange Jahre darüber, daß in Bielefeld beim Wiederaufbau auch die Kunst nicht zu kurz kam. Das Foto zeigt (v. l. n. r.) Bürgermeister Johann Dietrich Broelemann, den Künstler Herbert Volwahsen, Lotte Gröndahl, Walter Buddeberg und Karlheinz Böhm auf der Treppe der Brücke beim Betrachten des von Volwahsen geschaffenen Merkurbrunnens auf dem Alten Markt*

*Der Merkurbrunnen auf dem Alten Markt, von Herbert Volwahsen, erhält einen neuen Platz vor der Industrie- und Handelskammer. An Stelle des »Gottes der Diebe und Kaufleute« soll ein von Rudolf August Oetker bei dem Münchner Künstler Prof. Hans Wimmer in Auftrag gegebener Brunnen errichtet werden*

*Noch liegt das Gelände des Voltmannshofes unberührt da (1965). Einige Jahre später wächst hier ein Koloß aus Stahl und Beton aus dem Boden: die Universität*

Die Gemeinsamkeit der Bemühungen von Stadt und Kreis gegen eine starke Konkurrenz hatte sich damit zum erstenmal bewährt. Immerhin hatten sich sieben Städte und Gemeinden Ostwestfalens und Lippes mit insgesamt zwölf konkreten Geländevorschlägen (von denen allein fünf aus Bielefeld kamen) am Tauziehen um die Universität beteiligt. Ausschlaggebend war am Ende sicher, daß Bielefeld den Voltmannschen Hof anbieten konnte und mit dem Kaufpreis von 17,5 Millionen DM bereits in Vorlage getreten war, eine Summe übrigens, die Oberstadtdirektor Kuhn, als er zusammen mit Oberbürgermeister Hinnendahl den Vertrag im Haus der Witwe Voltmann unterzeichnet hatte, sogleich in Gestalt von zwei Verrechnungsschecks der Stadt- und Kreissparkasse aus der Brusttasche seines Jacketts zog. Man trug sie in zwei Koffern zur Lampe-Bank.

*Die größte Baustelle der Bundesrepublik nach dem Olympiastadion in München war zeitweise die Bielefelder Universität*

Dabei fiel es der Stadt unter den damaligen Umständen keineswegs leicht, einen solchen Betrag aus dem Ärmel zu schütteln. Stadtkämmerer Dr. Georg Göckler war sogar strikt gegen eine Darlehensaufnahme für diesen Zweck, worüber sich jedoch Kuhn und Hinnendahl elegant hinweggesetzten.

Man kann eigentlich nicht sagen, daß sich die Bielefelder mit ihrer Universität, bei deren Grundsteinlegung am 21. Juni 1968 es schon zu Studentenausschreitungen wegen des Akademiegesetzes gekommen war, schnell angefreundet hätten, denn schon die Bauplanung, der zweijährige strukturelle Planungen nach dem von Prof. Helmut Schelsky entwickelten Reformmodell vorausgegangen waren, fand nicht viel Wohlwollen im Rathaus. Unter neunzig Wettbewerbsarbeiten machte nämlich mit nur einem Punkt Vorsprung ein von der Arbeitsgemeinschaft Herzog, Köpke und Siepmann entwickeltes »Kompaktmodell« das Rennen, das sämtliche zehn Fakultäten unter einem Dach vereinigt und ganz auf Funktionalität ausgerichtet ist – ein Mammutbau mit einer über 300 Meter langen Zentralhalle, der wie ein neuer Höhenzug dem Teutoburger Wald vorgelagert ist und diesem Konkurrenz zu machen scheint.

*Nur um einen einzigen Punkt schlechter bewertet wurde ein Modellentwurf für die Universität, der eine etwas aufgelockertere Bauweise vorsah (9. Mai 1969). Dem Preisgericht gehörten unter anderem an (v. l. n. r.) Oberstadtdirektor Heinz Robert Kuhn, Oberbürgermeister Herbert Hinnendahl, Gründungsrektor Prof. Dr. Ernst Joachim Mestmäcker und der Soziologe Prof. Helmut Schelsky, der das Reformkonzept der Universität Bielefeld entwickelt hat. Ferner sind auf dem Foto zu sehen: der Bielefelder Beigeordnete für das Bauwesen Dipl.-Ing. Jürgen Hotzan (Mitte) und rechts neben ihm Staatssekretär Prof. Lübbe und der Leiter des städtischen Planungsamtes Dieter Ahlert. Am rechten Bildrand: Regierungspräsident Ernst Graumann (zweiter von rechts) im Gespräch mit Ministerialdirigent Dr. med. h. c. Fridolin Hallauer*

»Idylle findet hier nicht statt«, heißt es denn auch treffend im Universitätsbericht 1976/77, der unter anderem mitteilt, daß inzwischen 10 000 Menschen in dem Gebäude arbeiten, darunter 9000 Studenten, deren Gesamtzahl in den achtziger Jahren vielleicht 14 000 überschreiten werde. Die Stadt, die sich für eine aufgelockerte Bauweise stark gemacht hatte, mußte sich schließlich mit einem eher abschreckend wirkenden Beton-Koloß abfinden.

Daß sich das Rektorat viel Mühe gibt, die Universität, die sich nach einer 1970 gemachten kühnen Voraussage von Ministerialdirektor Dr. med. h. c. Fridolin Hallauer »in ihrer jetzigen Gestalt nahtlos in die vorhandene Umgebung einfügen« sollte, wenigstens mit all ihren Aktivitäten und Wirkungen in das Leben der Stadt zu integrieren und fruchtbare Wechselbeziehungen in Gang zu bringen, wird von den Bielefeldern dankbar anerkannt.

Fraglos hat die Universität auch allein durch ihre Existenz dazu beigetragen, den Bekanntheitsgrad der Stadt zu steigern, was dringend nötig war, nachdem eine Umfrage ergeben hatte, daß die meisten Bundesbürger Bielefeld für eine Stadt »irgendwo bei Bamberg, am Rande des Kohlenpotts« oder »in der Gegend der Lüneburger Heide« halten und meistens nur soviel zu sagen wissen, daß da »irgendwas mit Pudding ist«. Den allermeisten fällt sonst nichts ein, vier Prozent erwähnen die von Bodelschwinghschen Anstalten, und drei Prozent verknüpfen den Teutoburger Wald mit Bielefeld. Immerhin meinen 19 Prozent, es sei eine Stadt mit Textilindustrie, was zwar stimmt, aber das Schwergewicht der Metallindustrie völlig außer acht läßt. Zehn Prozent der Bundesbürger indessen wissen, daß es hier einen Fußballclub »Arminia« gibt, aber diese Kenntnis wird oft noch

*Studentenprotest bei der Grundsteinlegung für das Aufbauzentrum der Universität am 21. Juni 1968. Zweiter von links: der Vorsitzende der Universitätsgesellschaft Rudolf August Oetker*

*21. Juni 1968: Grundsteinlegung für das Aufbau- und Verfügungszentrum der Universität durch Ministerpräsident Heinz Kühn. Obwohl er die Hammerschläge mit der linken Hand ausführte, engagierte sich das Land mit aller Kraft für den Aufbau der Universität, die über 600 Millionen DM kostete*

genährt vom »Bundesligaskandal«, der zu den Ereignissen gehört, an die die Bielefelder gar nicht mehr gern erinnert werden mögen.

Als im Juni 1970, ein Jahr nach dem von Tausenden von Menschen gefeierten Einzug in die Bundelliga, der Offenbacher Canellas im Fernsehen die Karten aufdeckte, die auch er fleißig mitgemischt hatte, da hätten viele Bielefelder am liebsten ihre Heimatstadt verleugnet. Der Rat, der immerhin an die drei Millionen DM aufgewandt hatte, um im Eiltempo die städtische Alm auf Bundesligaformat zu bringen, sah sich plötzlich um den Erfolg seiner Bemühungen geprellt. Ein Beigeordneter frozzelte, ein Hubschrauber werde »demnächst Heu über die Alm abwerfen, für die Esel, die da noch hingehen«, und der Verein selbst drohte ins sportliche Nichts zu geraten, nachdem das DFB-Sportgericht im Februar 1972 den DSC Arminia zum Abstieg in die oberste Amateurklasse verdammt hatte, ein Urteil allerdings, das später in einen »Abstieg in die Regionalliga mit zehn Punkten Abzug« umgewandelt wurde.

Gleichwohl kamen noch harte Zeiten für den Verein, der im Oktober 1972 nur um ein Haar den Gang zum Konkursrichter vermeiden konnte, weil Bielefelds Wirtschaft trotz mancher Versprechungen auch nicht mehr helfen wollte: Von 130 Industriellen, die zu einer Goodwill-Party ins BTTC-Heim eingeladen worden waren, kamen nur zwei, und die brachten auch kein Geld mit.

Wilhelm Stute, der ehemalige Vereinspräsident, der, weil das Geld für die Spielmanipulationen »ja nicht wie Manna vom Himmel gefallen« sein konnte, schließlich zugab, er habe Vereinsgelder dafür verwendet, konnte zwar für sich immer noch in Anspruch nehmen, daß er durch langes Leugnen den sofortigen Bankrott des Vereins abgewendet und schließlich dafür gesorgt hatte, daß die schwer verschuldete Arminia noch eine Saison lang im Fußballoberhaus Kasse machen konnte, aber es bewahrte ihn dennoch nicht vor einer Anklage wegen Untreue vor der 1. Wirtschaftsstrafkammer, die ihn zu 25 000 DM Geldstrafe verurteilte, obwohl Stute mit Sicherheit weder seinen Verein noch die Stadt schädigen wollte. Insider wissen, daß er nur zu retten versuchte, was zu retten war, nachdem er herausgefunden hatte, daß die Statuten des DFB zu Handlungen in der grauen Zone buchstäblich herausforderten und daß Arminia, wenn der Verein nicht auch in das Manipulationskarussell einstieg, mit einer Schuldenlast von einer Million DM dagesessen hätte, die in der Regionalliga tödlich für den Verein gewesen wäre.

*Eine Stadt im Freudentaumel: Trotz strömenden Regens kamen Tausende von Bielefeldern vor das Rathaus, um die Arminen nach ihrem Aufstieg in die Bundesliga zu empfangen. Oberbürgermeister Herbert Hinnendahl sprach Mannschaft und Verein den Dank der Stadt aus. Links im Bild mit hocherhobenem Schirm der DSC-Präsident Wilhelm Stute, unter dem rechten Schirm der Spieler Klaus Köller, der Spielausschußvorsitzende Wilhelm Pieper und Mannschaftskapitän Gerd Roggensack*

*Noch ist Bielefelds Fußballwelt in Ordnung: Trainer Egon Piechaczek (zweiter von links), Spielausschußvorsitzender Wilhelm Pieper (Mitte) und Trainerassistent Willy Nolting am Spielfeldrand der Alm*

Daß die Arminen sich auch auf diesem Gebiet wie Anfänger anstellten und sogar Hertha BSC 250000 DM für den alles entscheidenden 1:0-Sieg in Berlin bar aushändigten, obwohl sie, wie sich nachher zeigte, möglicherweise regulär gegen die Berliner gewonnen hatten, das macht eigentlich die ganze Skandalstory besonders pikant.
Unverständlich auch, wie der plötzlich vom Almrausch befallene Geschäftsführer einer Bielefelder Bauträger- und Immobilien GmbH, Rupert Schreiner, die Hand ins Spiel bekommen konnte, ein Mann mit aufgeblähtem Selbstgefühl und buntschillernder Vergangenheit. Als Mister X machte er wochenlang Schlagzeilen, und daß dann auch noch die Bielefelder Schützen, die ihn im Jahr zuvor als Rupert I. auf den Schild gehoben hatten, ausgerechnet im Skandaljahr mit verkniffenener Miene vor ihm aufmarschieren mußten, bildete sozusagen den Gipfel der Lokalkomödie, ganz zu schweigen davon, daß sie mit ihm beim Bau des Johannisberg-Hotels Schiffbruch erlitten hatten. Alle, die von der Bundesliga das große Geld erwartet hatten, erfuhren in diesen Wochen voller Verdruß, daß auch im bezahlten Fußball damals die »unbefleckte Empfängnis« kaum möglich war, wenn man denn schon finanziell schwanger werden wollte. Und mancher im Vereinsvorstand mußte sich am Ende selbst vorkommen wie ein Mainschiffer, der ohne Kapitänspatent auf große Fahrt über den Atlantik gegangen war.

*Schützenkönig Rupert I. (Schreiner), der sich auch als geheimnisvoller Mister X im Bundesligaskandal einen Namen machte, schreitet die Front der Bielefelder Schützen ab. An jenem 27. Juni 1971 war selbst den Schützen nicht mehr so recht nach Feiern zumute. Man sieht es dem Gesicht des Vorsitzenden Gerhard Böllhoff (links) an*

Wilhelm Stute, dessen Prozeß bis vor den Bundesgerichtshof ging und der dann im Frühjahr 1977 endgültig freigesprochen wurde, weil ihm ein Verstoß gegen die Paragraphen des Strafgesetzbuches nicht nachgewiesen werden konnte, hat vielleicht moralische Schuld auf sich geladen, soweit Fußball in jener Zeit überhaupt etwas mit Moral zu tun hatte. Am Ende aber gab auch er den Anstoß dafür, daß der Deutsche Fußballbund endlich eine zeitgerechte Spielordnung entwikkelte – so bitter dieses Kapitel Stadtgeschichte selbst aus heutiger Sicht gewesen sein mag, wo Arminias Fußballwelt wieder in Ordnung ist.

Es mag Städte geben, deren Chronik mit Blut und Tränen geschrieben worden ist, die Bielefelder indessen begnügten sich damit, Wichtiges mit Wasser zu schreiben. Wasser spielte in ihrer Geschichte stets eine entscheidende Rolle, weil sie es von Natur aus nicht hatten. Das war schon so, als sie den Landesherrn im Juni 1452 durch fünfzehnmonatiges zögerndes Verhalten bei einer von ihm gewünschten Unterschriftsleistung unter einem Erbvertrag schließlich breitschlugen, daß er nicht nur auf »Heergewäte und Gerade«, lästige Erbschaftsteuern verzichtete, sondern ihnen auch die Ableitung der im Osningpaß entspringenden Lutter gestattete, die bis dahin nur nach Süden floß. Bemerkenswert ist, daß es schon vor dem Dreißigjährigen Krieg eine im Jahre 1591 entstandene private Wasserversorgung gab, das sogenannte »Piepenwerk«, das mit hölzernen Rohren (den »Piepen«) das Wasser aus dem »groten Diek« auf dem Grundstück des Müllers Grotendiek (Wiegands Mühle, Lutherstraße) entnahm und zu den Grundstücken der an dieser Selbsthilfe beteiligten Bürger leitete.

1788 wurde, nachdem sich inzwischen mehrere andere Wasserversorgungsgemeinschaften und »Pfeifengewerke« gebildet hatten, mit Genehmigung von Bürgermeister und Rat schon eine fünfte Wasserleitung zwischen dem Stadtgraben am Niederntor und dem Meindersschen Garten an der Heeper Straße verlegt, den Bielefelder Kaufleute angelegt hatten, um hier ein »Fabriqueninstitut« zu bauen. Das Wasser wurde für eine Seifenfabrik und eine Bleiche benötigt (woher auch jene Bleichwiese ihren Ursprung hat, die im Juni 1977 von »pro grün«, allen Vogelnestern zum Trotz, als Liegewiese hergerichtet wurde). Eine öffentliche Wasserversorgung wurde erst gegen Ende des 19. Jahrhunderts geschaffen, nachdem im Zuge der Industrialisierung die Bevölkerung zwischen 1850 und der Jahrhundertwende von 10000 auf 63000 Einwohner gestiegen war und die Industrie in steigendem Maße Wasser benötigt hatte.

*Der Landkreis Bielefeld übernimmt die Patenschaft für die Wansener: Landrat Franz Specht überreichte dem Gründer der Heimatgruppe, Rektor Baumgarte, die Patenschaftsurkunde. Im Hintergrund (Mitte) Oberkreisdirektor Helmut Schütz, rechts der Leiter des Hauptamtes (und spätere Gemeindedirektor von Quelle) Herbert Schoregge*

*Als die vier Taxbäume der nach ihnen benannten Gaststätte in Brackwede noch zur Zierde gereichten (1950). Die Gaststätte wurde Anfang September 1977 200 Jahre alt* ▷

*Weddings Muschelsaal in Heepen – einst Schauplatz vieler Veranstaltungen, heute nur noch ein Verkaufslager (Postkarte von 1914)* ▷

Die Stadt sicherte sich deshalb Wassergewinnungsrechte südlich des Teutoburger Waldes und errichtete 1889 im Sprungbachtal, an der Straße Brackwede–Paderborn, zwei Kilometer südöstlich der jetzigen Autobahnauffahrt, das erste Bielefelder Wasserwerk, dem im Laufe der Zeit eine Brunnenfassung nach der anderen folgen sollte, bis vor die Tore der Stadt Paderborn, mit der die Bielefelder schließlich einen »Wasservertrag« abschlossen.
Ehe aber die Wasserversorgung Bielefelds völlig gesichert war, gab es Zeiten, in denen Wasser Mangelware war. Im April 1950 machte Direktor Lothar Friedel die alarmierende Mitteilung, daß die Bielefelder, die bis dahin aus dem vollem geschöpft hatten, mit einer zwanzigprozentigen Einschränkung der Wasserversorgung rechnen müßten. An heißen Tagen konnten die zwischen 1889 und 1939 gebauten Wasserwerke den Bedarf nicht mehr decken. Zu jener Zeit stand schon fest, daß der Bau des Wasserwerkes V, 25 Kilometer von Bielefeld entfernt, zwischen Furlbach und Haustenbach, unumgänglich war. Und als dann am Freitag vor Pfingsten 1951 auch noch beide Hauptrohrleitungen brachen, war Bielefeld tatsächlich für kurze Zeit ganz ohne Wasser. Die Feuerwehr mußte die Trinkwasserversorgung notdürftig aufrechterhalten.
Damals widersetzten sich die Sennebauern mit Nachdruck weiteren Bielefelder Wassererschließungsmaßnahmen. Eine 1949 vom Regierungspräsidenten gebildete Kommission konnte am Ende nicht anders, als die Streitfrage dem Land vorzulegen. Als Düsseldorf kurz vor Ostern 1950 entschied, daß Probebohrungen vorgenommen werden dürften, beharrten die Sennebauern aus Furcht vor der Senkung ihres Grundwasserspiegels immer noch darauf, daß die Bielefelder ihr Wasser aus der (heute völlig versalzten) Weser, aus dem

Restaurant
Fremdenzimmer

Gruß aus Heepen

*Die Hauptstraße in Brackwede um 1950. Die Industriestadt am Südhang des Teutoburger Waldes, die 1973 in der neuen Stadt Bielefeld aufging, wurde 1151 erstmals urkundlich erwähnt und erhielt am 26. Juni 1956 das Recht, die Bezeichnung »Stadt« führen zu dürfen*

Möhnesee oder »irgendwo aus dem Lippischen« holen sollten, und sie lenkten erst ein, als der damalige Landwirtschaftsminister Heinrich Lübke anordnete, daß die Stadt zur Erhaltung des Kreislaufs der Natur das entnommene Wasser auch wieder in die Senne zurückleiten müsse, durch den Bau einer 26 Kilometer langen Abwasserrückführungsleitung zwischen der Kläranlage Heepen und dem Gebiet unterhalb der neuen Brunnenanlagen. 4,6 Millionen DM kostete die Leitung über den Teutoburger Wald hinweg, für die am Menkhauser Berg ein 300 Meter langer Stollen gebaut werden mußte. Seit September 1953 wurden jährlich zehn Millionen Kubikmeter biologisch geklärtes Abwasser auf früheren Ödflächen und Weiden in der Senne verteilt.

Wer diesen gewaltigen Aufwand richtig würdigt, kann auch verstehen, daß die Stadt Bielefeld ihr Wasser stets wie einen Schatz gehütet und sich, selbst als die Wasserversorgung auf Jahre hinaus gesichert war, nicht dazu bereitfinden mochte, Gemeinden wie Jöllenbeck, die ebenfalls fast auf dem Trockenen saßen und bei Bohrungen auf ungenießbare Sole stießen, ohne weitere Bedingungen Zugeständnisse zu machen, zumal sich der Kreis Bielefeld nur mit einem geringen Anteil am Stammkapital der Stadtwerke beteiligte.

Partnerschaft zu Lasten der Stadt? Das wollten die Bielefelder nicht mitmachen, zumal sie befürchteten, das Wasser könne auch »mißbraucht« werden, um industrielle Konkurrenz vor den Toren der Stadt anzusiedeln. Wasser sollte nach dem kommunalpolitischen Konzept des Rathauses da schon eher der Hebel sein, mit dem die Gemeinden zum Zusammengehen mit Bielefeld gezwungen werden sollten. Ob allerdings diese Methode den guten Willen zu einer Gebietsneuordnung nachhaltig gefördert hat, ist nach allem, was dann geschah, füglich zu bezweifeln.

*Die alten Fachwerkhäuser am Kirchplatz im über tausend Jahre alten Ortsteil Schildesche wären um ein Haar einer Ortskernsanierung zum Opfer gefallen, wenn es nicht massiven Bürgerprotest gegeben hätte. In einem neuen Bebauungsplan will die Stadt ihren Schutz festlegen. (Zeichnung E. Herterich)*

Es ist oft darüber gerätselt worden, wann denn dieses gleichsam selbstzerfleischende Gegeneinander von Stadt und Kreis begonnen hat, das viele Jahre hindurch der beherrschende Faktor in der Kommunalpolitik war. Zwar gab es schon sehr früh eine kommunale Arbeitsgemeinschaft, aber in dieser Ehe hing oft der Haussegen schief. Geschichtliche Gründe dafür gibt es mit Sicherheit nicht, dafür waren die wirtschaftlichen, religiösen und familiären Beziehungen zwischen Stadt und Land viel zu tief verwurzelt. War es vielleicht das urravensbergische Festhalten an der eigenen Scholle oder das Selbstbewußtsein derer, die in den Gemeinden Kommunalpolitik machten und mit der Stadt nichts zu tun haben wollten?

Auf der Verwaltungsebene hat es kaum jemals irgendwelche persönlichen Differenzen gegeben. Der stets loyale und umgängliche, mit hintergründigem Humor begabte Oberstadtdirektor Dr. Eberhard Vincke und sein Nachfolger Heinz Robert Kuhn, ein Verwaltungsfachmann von scharfem Intellekt und zielstrebigem Organisationstalent, sowie ihr Gegenüber, der Oberkreisdirektor Helmut Schütz, ein Volljurist, stets konziliant, ein geistreicher Verhandlungspartner, der gelegentlich auch »fünf gerade sein lassen« konnte – sie kamen gut miteinander aus, so unterschiedliche Interessen sie auch vertraten. Nur die Politiker fanden nicht immer einen Nenner.
Oberbürgermeister Ladebeck, von Beruf Rektor, hat sich fraglos große Verdienste um die Stadt erworben. Das Vertrauen, das er bei weiten Teilen der Bevölkerung genoß, war stets ungebrochen. Aber seine Art, mit Gesprächspartnern umzugehen und sie zu schulmeistern, hat ein Gutteil dazu beigetragen, die sachbedingten Spannungen zwischen Stadt und Kreis noch zu vertiefen. »Er sagte einem immer gleich, was richtig sei«, erinnerte sich später einmal Oberkreisdirektor Helmut Schütz.

*Erste orthodoxe Taufe eines Gastarbeiterkindes im griechischen Konsulat Bielefeld. Auch Dechant Heinrich Sunder (dritter von links) gehörte neben Oberbürgermeister Hinnendahl zu den Gästen der Tauffeier*

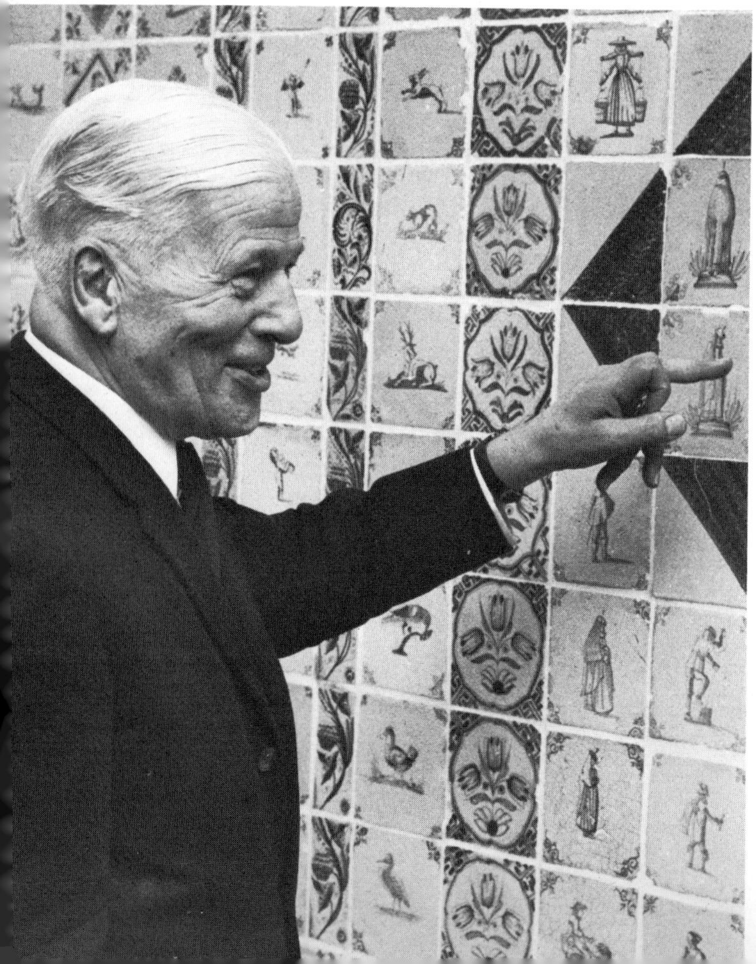

Sein Partner im Kreishaus, Landrat Franz Specht, seines Zeichens Bäckerobermeister und auf der politischen Ebene Ladebecks Widerpart, war durchaus nicht aus dem Holz, aus dem man in der Kommunalpolitik filigrane Figuren schnitzt, sondern seine ganze Wesensart war mehr einem Rammbock angemessen. So ist es denn fast zwangsläufig gewesen, daß es Ladebeck und Specht, beides Sozialdemokraten, niemals gelang, ihre persönlichen Gegensätze abzubauen und zu überwinden. Als eines Tages ein Blumenstrauß, den Specht Ladebeck zum Geburtstag geschickt hatte, wieder zurückkam, war das Ausdruck für das abgrundtiefe Zerwürfnis der beiden Spitzenpolitiker, das allerdings auch seine Ursachen in einem vermeintlichen Interessengegensatz von Stadt und Land hatte.

*Richard Mitzlaff-Crüwell, Inhaber der ältesten deutschen Tabakwarenfabrik, ließ im Treppenhaus des von ihm wiedererrichteten Crüwellhauses 7000 Delfter Kacheln anbringen, die er in langen Jahren zusammengetragen hat. Es ist die größte Sammlung dieser Art in Nordwestdeutschland*

*Die Baugenossenschaft Freie Scholle feierte 1961 ihr fünfzigjähriges Bestehen mit einem Volksfest in der Wohnsiedlung an den Heeper Fichten*

Daß Specht, dem Eigensinn und Dickköpfigkeit nachgesagt wurden und der immer wieder durch eine besondere Spielart heimatgebundener Rhetorik brillierte (»Wir werden die Fahne des Sieges an unsere Fersen heften!« und »Das will ich Sie sagen: wir sind noch lange nicht am Ende alles dessen, was wir uns vorgenommen haben!«), in den schweren Hungerjahren, nicht zuletzt aufgrund seines Durchsetzungsvermögens Lastwagenkolonnen organisiert und Mehl für die Bielefelder beschafft hatte, war schnell in Vergessenheit geraten.

Dabei mochte auf beiden Seiten anfangs der Wunsch vorherrschen, die Dinge ins rechte Lot zu bringen. Als der Kreis am 28. Oktober 1952 den Grundstein für das Kreishaus an der August-Bebel-Straße legte, das sieben Millionen DM kostete, trat Specht bereits »einer gewissen Legendenbildung« entgegen, indem er einen Brief des nicht erschienenen Oberbürgermeisters Ladebeck verlas, in dem dieser die Überzeugung aussprach, daß »die gesunde Grundlage unserer heimischen Wirtschaft, die bewährte Haltung unserer Bevölkerung und der klare Wille der im Kreistag tätigen Frauen und Männer wie bisher alle Schwierigkeiten überwinden werde«.

Das klang in Spechts Ohren offenbar recht ermutigend, aber ein paar Monate vorher, bei der Eröffnung der Ausstellung »Bielefeld im Ravensberger Raum«, hatte eine große Karte an der Stirnseite der Oetkerhalle allen, die Augen hatten, deutlich gemacht, worauf die Stadt hinaus wollte: sie brauchte Raum für die volle Entfaltung ihrer wirtschaftlichen Möglichkeiten, und es kam auch wohl nicht von ungefähr, daß Ladebeck bei dieser Gelegenheit dem vom Kreis erhobenen Vorwurf, die Stadt habe zu viele Freiflächen, entgegentrat: »Denn wenn alle geplanten Bauten errichtet werden, bleibt nicht viel übrig!« Man muß wissen, daß damals in Bielefeld nicht weniger als 288 Klassenzimmer fehlten. Jeglichem Ausdehnungsdrang setzte Specht indessen ein kategorisches Nein entgegen: »Von uns keinen Quadratmeter!« Da lag der Kern der Auseinandersetzung.

*Landrat Erich Deppermann (links) und Prof. Dr. Hans Bernhard Reichow, der Planer der Sennestadt, mit dem Senner Bürgermeister Wilhelm Bunte (Mitte) am Plan der »autogerechten Stadt«*

Zeitweise allerdings schien es so, als ob Stadt und Kreis bei der Bekämpfung der Wohnungsnot doch an einem Strang ziehen könnten. Zumindest machten sie sich gemeinsam Gedanken über den Bau einer »Senne-Stadt«. Schon Baurat Steinbiß (später Ministerialbeamter in Bonn) hatte sich mit einem solchen Projekt beschäftigt und eine Reihe von Trabantenstädten für Bielefeld konzipiert, die sich, wie an einer Perlenschnur aufgereiht, vom Buschkamp bis nach Paderborn erstrecken sollten. Als Oberkreisdirektor Schütz und Landrat Specht eines Tages beim Regierungspräsidenten in Detmold vorsprachen, fanden sie im Dienstzimmer des damaligen Regierungs- und Oberbaurats Dr. Schneck zu ihrer nicht geringen Überraschung den Plan einer solchen Bandsiedlung auf dem Tisch. Der Bielefelder Stadtplaner Landesrat R. Niemeyer schätzte damals die Aufnahmefähigkeit der Senne auf 80000 Menschen.

Allerdings sollten noch Jahre vergehen, ehe dieser Gedanke in die Tat umgesetzt werden konnte. Derartigen Großprojekten stand als Hauptschwierigkeit entgegen, daß im sozialen Wohnungsbau die Mittelzuweisung buchstäblich von Bewilligungsperiode zu Bewilligungsperiode hoppelte, so daß keine vernünftige vorausschauende Planung möglich war. Die Gemeinden konnten nur Kleckern, von Klotzen im Wohnungsbau war erst später die Rede, als die Wohnungsnot immer schlimmere Formen annahm. Im Januar 1952 schrieb Ladebeck wegen der ständig anhaltenden Zuweisung von Vertriebenen einen Zeitungsartikel mit der bezeichnenden Überschrift »Die vergewaltigte Stadt«. Von den 160000 Einwohnern waren über 30000 Vertriebene, mehr als 10000 Familien wohnten behelfsmäßig, aber die Stadt hatte nur Flächen für die Errichtung von 3000 Sozialwohnungen. Das Land drohte der Stadt damals mit Zwangsmaßnahmen, wenn diese ihre Ankündigung wahrmachte, 800 weitere Vertriebenen-Familien nicht aufzunehmen.

Mit 3420 Einwohnern auf den Quadratkilometer war Bielefeld in jener Zeit zwar bitterarm an Gelände, seine Steuerkraft aber lag schon ziemlich an der Spitze aller vergleichbaren Städte. Was die Verantwortlichen im Rathaus allerdings wurmte, war der Umstand, daß Bielefeld für 22000 Beschäftigte, die außerhalb der Stadtgrenzen wohnten, 1,1 Millionen DM Gewerbesteuerausgleich bezahlen mußte und obendrein für 4000 auswärtige Schüler, die die mittleren, höheren und Fachschulen Bielefelds besuchten, einen Zuschuß von einer Million DM aufzubringen hatte.

Trotz aller dieser Belastungen konnte die Stadt Bielefeld schon im Sommer 1952 eine beachtliche Bilanz ziehen: 4140 Wohnungen hatte sie seit Kriegsende gebaut, und zwar mit

*Nach der Entscheidung des Landtages über den Zusammenschluß von Stadt und Landkreis zu einer neuen Stadt Bielefeld fanden sich zwei Dutzend Kommunalpolitiker in der Lobby des Landtagsgebäudes ein. Eingeladen hatte die »Neue Westfälische«. Rechts der Autor dieses Buches.*

25 Millionen DM Landesmitteln, 15 Millionen DM Hypotheken und 10,5 Millionen DM städtischen Mitteln, Mieter- und Arbeitgeberdarlehen. Es fehlten aber noch 7628 Wohnungen und 2500 waren hoffnungslos überbelegt. Den Fehlbestand von damals 10128 Wohnungen zu beseitigen, waren nach damaliger Rechnung und den geltenden Preisen 50 Millionen DM öffentliche Mittel, 28 Millionen DM Hypotheken und 23 Millionen DM Eigenmittel nötig, sowie 7 Millionen DM für Geländeaufschließung und 20 Millionen DM für Folgeeinrichtungen aller Art, also alles in allem 128 Millionen DM. Die Not zwang die Stadt, trotz schwieriger Ernährungslage, die guten Böden nördlich des Teutoburger Waldes in Anspruch zu nehmen.

Auch der Kreis, der sich in einer ähnlich prekären Wohnungssituation befand, suchte nach neuen Lösungen. Specht glaubte sie anfangs darin zu erblicken, daß die Landesmittel konzentriert an vier Stellen, nämlich in Jöllenbeck, Dornberg, Heepen und Brackwede, eingesetzt wurden, aber schließlich setzte sich Oberkreisdirektor Schütz mit der Auffassung durch, in der Gemeinde Senne II »einen großen Brocken zu bauen«, weil dort der Grund und Boden am billigsten war.

Träger des Projektes wurde schließlich die Sennestadt-GmbH, an der sich der Kreis, die Stadt und der Landschaftsverband beteiligen sollten. Aber schon bald gab es Streit: Der Kreis sah es als vernünftig an, dem neuen Gemeinwesen Lebensfähigkeit durch Ansiedlung von Industrie zu geben, die Stadt indessen wollte sich nicht den Rahm von der Milch nehmen lassen, ging halbherzig an die Sache heran und zog sich schließlich ganz aus dem Vorhaben zurück, so daß der Kreistag sich am 1. August 1955 gezwungen sah, die alleinige Bürgschaft von 9,5 Millionen DM und damit das ganze Risiko zu übernehmen. Zwei Jahre lang hatte sich die Stadt zudem nötigen lassen, einen Wasserlieferungsvertrag für die Sennestadt abzuschließen, die damals mit 3383 Wohnungen projektiert war, und sie hatte erst eingelenkt, als der Oberkreisdirektor mit dem Grafen Schlieffen Verhandlungen wegen eines eigenen Brunnengeländes aufnahm. Zwar hatte Specht, der nach eigenen Worten »mit ganzem Herzen an der Gemeinschaft mit der Stadt« hing, im Zögern der Bielefelder auch in dieser Situation noch kein »ehewidriges Verhalten erblickt« und noch auf das Ja-Wort der Stadt gehofft, aber es sollte niemals kommen. Das war bereits deutlich, als am 21. Juli 1956 an der Bundesstraße 68 der Grundstein für dieses Städtebauprojekt gelegt wurde, das übrigens zu diesem Zeitpunkt bereits philatelistische Berühmtheit erlangt hatte, weil der Grundriß der Sennestadt neben anderen Städteneugründungen auf einer österreichischen Briefmarke erschienen war.

Die Pläne für diese »autogerechte Stadt« stammten von dem bekannten Hamburger Architekten Prof. Hans Bernhard Reichow, dem Begründer der »organischen Stadtbaukunst«, dem seine Kollegen deswegen den schmückenden Beinamen »Prinz von Organien« gegeben hatten. Hauptamtlicher Geschäftsführer und zusammen mit dem nebenamtlichen Geschäftsführer Oberkreisdirektor Helmut Schütz für die Durchsetzung der Planungen verantwortlich, war übrigens Dr. Heinz-Otto Engler, Gießens ehemaliger Oberbürgermeister, ein alter Fuhrmann im Wohnungs- und Bankwesen, der als Hauptkapital seine Ellenbogen in das Geschäft einbrachte.

*Brackweder Schweinemarkt 1973: Der ehemalige Brackweder Stadtdirektor Willy Generotzky, ein Gegner der Gebietsneuordnung, und sein Kontrahent Oberbürgermeister Herbert Hinnendahl sitzen wieder gemeinsam in einem Autoscooter. Die »große Lösung« hat den menschlichen Beziehungen nichts anhaben können*

Die Stadt indessen ging ihre eigenen Wege: sie erwarb im August 1962 den Bültmannshof vom Bauern Jürging und konzentrierte hier ihre Bautätigkeit nach der von Oberstadtdirektor Kuhn herausgegebenen Parole: »Wir müssen vorankommen – Ende 1965 wird die Wohnraumbewirtschaftung aufgehoben.« Bebauung und Grünflächenplanung wurden gerade in diesem neuen Stadtteil in besonders harmonischer Weise aufeinander abgestimmt, so daß schließlich auf dem 500000 Quadratmeter großen Gelände »Bielefelds gute Stube« entstand.
Mitbeteiligt an diesem Erfolg, aber auch an der Beseitigung der Bielefelder Wohnungsnot schlechthin, war nicht zuletzt die Gemeinnützige Baugenossenschaft Freie Scholle, die am 28. März 1968 im Wohnblock Carlo-Mierendorff-Straße 3 ihre 5000. Wohnung an Frau Herta Wolgast übergeben konnte. Was gerade das Wirken dieser Baugenossenschaft für Bielefeld bedeutete, wurde aus Anlaß ihres 50jährigen Bestehens 1961 deutlich, das mit einem Festakt im Stadttheater und mit einem Volksfest an den Heeper Fichten gefeiert wurde: Hauptgeschäftsführer Wilhelm Kralemann, der dem Rat der Stadt von Anfang an angehört und als SPD-Fraktionsvorsitzender entscheidend die kommunalpolitische Marschrichtung angab, konnte nicht zuletzt darauf verweisen, daß die Mieter seiner Genossenschaft durch Dauernutzungsverträge mehr Sicherheit haben als andere Mieter: »Da die Freie Scholle keine Söhne und Töchter hat, braucht niemand mit einer Eigenbedarfsklage zu rechnen.«
Auch die Baumheide, nach der Eingliederung eines Teiles von Babenhausen 1961, der zweite größere Geländebrocken des Kreisgebietes, den die Stadt (am 1. Januar 1965) durch Landesgesetz zugestanden bekam, nachdem sie sich mit der Gemeinde Brake über Wasserlieferungen geeinigt hatte, gab den eingeschnürten Bielefeldern mehr Luft zum Atmen.
Aber die Forderung nach Eingemeindungen lag weiterhin auf dem Tisch, wobei nicht zuletzt außer dem Baulandmangel auch ganz entscheidend das Argument in die Waagschale geworfen wurde, daß der Bielefelder Raum endlich durch eine zentrale Planung und Neuordnung seiner wirtschaftlichen Möglichkeiten die Weichen für eine erfolgreiche Zukunft stellen müsse. Dieses Ziel hat der Rat einmütig viele Jahre hindurch konsequent verfolgt.
Oberstadtdirektor Heinz-Robert Kuhn, der schon bei seinem Amtsantritt 1961 von einer »Bläschenbildung« am Rande der Stadt gesprochen hatte, war schließlich der Mann, der auf der Verwaltungsebene den Prozeß in Gang setzte und durch eine Fülle flankierender Maßnahmen, wie zum Beispiel den Vorschlag einer Bezirksverfassung, erreichte, daß Landtagspräsident Wilhelm Lenz am 28. September 1972, genau um 10.14 Uhr, das Bielefeld-Gesetz aufrufen und drei Minuten später zur Abstimmung stellen konnte, womit die große Lösung – bei nur zwei Gegenstimmen und zwei Enthaltungen – endlich perfekt war. Die Geburtsurkunde für die neue Stadt, die den gesamten Landkreis einschloß, lautete auf den 1. Januar 1973.
Damit ging ein jahrelanges, erbittertes Tauziehen zu Ende.

*13. Dezember 1972: Letztes Gruppenbild mit einigen Damen des Rates der alten Stadt Bielefeld. Gut 14 Tage später, am 1. Januar 1973, beginnt das Zeitalter der neuen großen Stadt Bielefeld*

Etliche Gemeinden hatten allerdings schon vorher in der vernünftigen Überlegung, daß es wohl richtig sei, Besitzstandsregelungen angesichts des Unvermeidbaren zu treffen, mit der Stadt Gebietsänderungsverträge abgeschlossen, aber das über 800 Jahre alte Brackwede und die eben erst in die Geschichte eingetretene Sennestadt wehrten sich bis zuletzt und wollten sogar in Kauf nehmen, ihre Selbständigkeit im neuen Kreis Gütersloh zu wahren. Daß Sennestadt sogar vor das Landesverfassungsgericht zog und seine Eingliederung damit noch fast ein Jahr in der Schwebe hielt, mag Ausdruck dafür sein, daß diese Gemeinde sich von Anfang an in der Rolle eines ungeliebten Kindes gesehen hat.
Der Kreis selbst vollzog erst in letzter Minute eine Kehrtwendung in Richtung auf Groß-Bielefeld. Zwar hatte er bereits im August 1971 mit der Mehrheit des Kreistages beschlossen, den Amtsbezirk Dornberg und Teile des Amtes Heepen sowie die Gemeinde Gadderbaum (mit der Anstalt Bethel) an Bielefeld abzutreten, aber die übrigen Gemeinden sollten nach seiner Vorstellung mit dem Kreis Halle sowie den Gemeinden Enger und Spenge (Kreis Herford) und Leopoldshöhe und Oerlinghausen (Kreis Lemgo) einen neuen Kragenkreis um Bielefeld bilden. Heepens Amtsbürgermeister Heinrich Horstmann lehnte allerdings die in einem vom Kreis in Auftrag gegebenen Gutachten vorgeschlagene Teilung des Amtes Heepen ab und wollte »dann schon lieber mit Bielefeld zusammengehen«. Zu diesem Zeitpunkt erklärte Landrat Klaus Schwickert, »erst im Landtag werde die Ziege auf den Markt geführt«, aber es dauerte dann doch nur noch wenige Monate, bis auch er sich gegen eine Zerschlagung des Wirtschaftsraumes Bielefeld stemmte und eine Abtretung der Südgemeinden (Brackwede, Senne I und Sennestadt) an den Kreis Gütersloh ablehnte – eine überraschende persönliche Entscheidung, die er in einem Interview mit dem Autor dieses Buches bekanntgab und die ihm vor allem seine Stammwähler in Brackwede so übelnahmen, daß sie ihm das schon sicher geglaubte Landtagsmandat bei der Wahl 1975 verweigerten.
An diesem Tag entschied sich auch, daß Schwickert als Spitzenkandidat der Sozialdemokraten Nachfolger des bisherigen Oberbürgermeisters Herbert Hinnendahl werden würde, der nach zwölf Jahren Amtszeit auf eine erneute Kandidatur verzichtet hatte und anschließend in Anerkennung seiner großen Verdienste um Bielefeld zum Ehrenbürger, dem siebten in der Stadtgeschichte, ernannt wurde. Möglich, daß Schwickert am Tag seiner Wahl, wie einst sein Vorgänger Johannes Burgreve der Ältere, auch das Gefühl hatte, daß er nicht unbedingt ein Glückslos in der Hand hielt. Ein neuer Abschnitt in der Stadtgeschichte schien jedenfalls zu beginnen.
Die Bürger merkten es zunächst einmal daran, daß alle Gebühren und Hebesätze, schließlich auch die Steuern

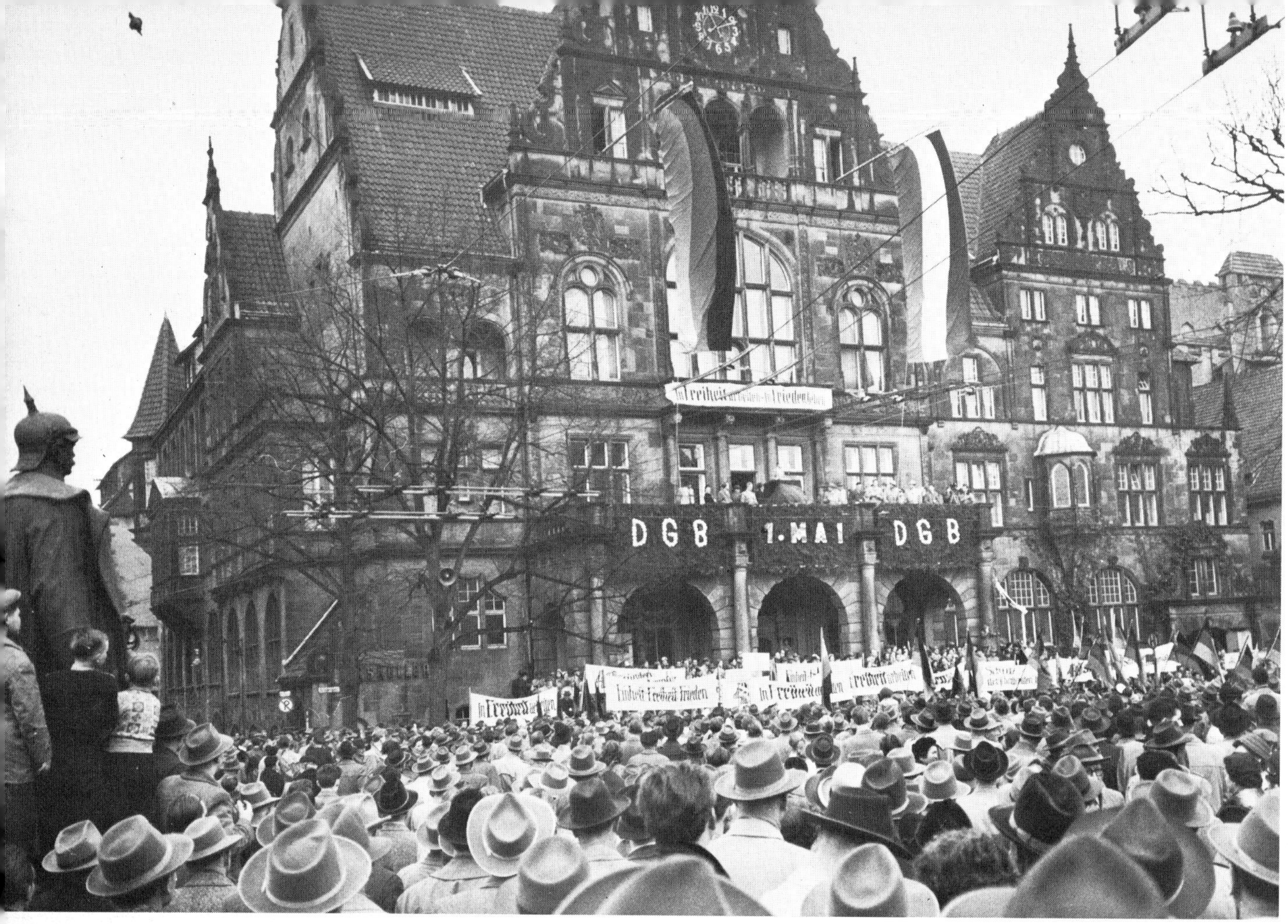


*Der Berliner Regierende Bürgermeister Willy Brandt und sein persönlicher Referent (und spätere Nachfolger) Klaus Schütz bei einem Besuch auf der Sparrenburg zusammen mit dem SPD-Bezirksvorsitzenden Emil Groß und FP-Chefredakteur Georg Strutz (v. l. n. r.)*
▽

△
*»In Freiheit arbeiten – in Frieden leben« lautete das Motto der Maikundgebung 1962. Damals schaute der Eiserne Kanzler noch stumm über die Menge auf dem Schillerplatz*

»harmonisiert« und der Größe der neuen Stadt angepaßt wurden, die, in zehn Bezirke aufgegliedert, anfangs Mühe hatte, zu sich selbst finden. Ein kostspieliges Revirement an der Verwaltungsspitze kam – als Folge von SPD-Einbußen bei der Wahl – auch noch bei der Gebietsreform heraus: Zwei Sozialdemokratische Beigeordnete mußten vorzeitig auf Kosten der Steuerzahler in Pension gehen, andere gelangten um des Proporzes willen zu Amt und Würden. Auch Oberstadtdirektor Heinz Robert Kuhn (SPD), der unermüdliche Vorkämpfer der Neuordnung, blieb am Ende nicht verschont. Ein paar Monate vor seiner eigentlichen Pensionierung setzte der neue Rat den bisherigen Stadtkämmerer Herbert Krämer (SPD) als seinen Nachfolger ein.

Größer wurde auch der Zuschnitt im Sparkassenwesen, denn die Stadt- und Kreissparkasse, beides Geldinstitute mit langer Bielefelder Geschichte, wurden ein Jahr später, zusammen mit der Brackweder Sparkasse, zu einem neuen Geldinstitut vereinigt, das sich nun »Sparkasse Bielefeld« nennt und mittlerweile mit 69 Geschäftsstellen, moderner Datentechnik und einer neuerrichteten Sparkassenzentrale auf der grünen Wiese in Sieker eine Bilanzsumme von drei Milliarden DM verwaltet, die sie zur zweitgrößten Sparkasse Westfalens macht.

Auch die Allgemeinen Ortskrankenkassen Bielefeld (53 000 Mitglieder) und Brackwede (37 000 Mitglieder) wurden zusammengelegt. Mit der Betriebskrankenkasse der Pleite gegangenen Ankerwerke zählt die neue AOK Bielefeld jetzt 93 000 Mitglieder, sie ist damit ebenfalls eine der größten in Westfalen-Lippe. Zusammengefaßt wurden auch die Gemeinnützigen Wohnungsbaugesellschaften des Kreises und der Stadt mit zusammen 8000 Wohnungen.
Nach soviel organisierter neuer Größe mochte es wohl auch angemessen sein, daß der Rat der Stadt zu seinem 30. Geburtstag im Januar 1976 Bilanz zog: von 434 Mandaten, die bei neun Kommunalwahlen bis dahin zu vergeben waren (die Stärke des Rates schwankte zwischen 29 und 67 Mitgliedern), errang die SPD 226 (52 Prozent), die CDU 156 (35,9 Prozent) und die FDP 47 (10,8 Prozent). Der Bund der Heimatvertriebenen und Entrechteten brachte es 1952 für eine Legislaturperiode auf vier Mandate, und die Kommunisten waren nur 1946 mit einem Ratsherrn vertreten. 232 Bielefelder gehörten bis 1976 dem Rat der Stadt an, der bis zu seinem 30. Geburtstag 419 Sitzungen abhielt.
Die Zahlen besagen, daß Bielefeld, die Stadt Carl Severings, nach dem Krieg stets eine Hochburg der Sozialdemokraten gewesen ist, die auch, mit zwei Ausnahmen, durchweg den Oberbürgermeister stellten und ohne deren entscheidende Mitwirkung Kommunalpolitik nicht denkbar war.

*Der Consbruchsche Renaissancegiebel von 1606 (ehemals Obernstraße 9) fand bei der Errichtung einer Zweigstelle der Sparkasse an der Obernstraße eine sinnvolle Wiederverwendung, nachdem er drei Jahrzehnte auf dem Städtischen Bauhof gelegen hatte* ▷

*In der Backstube der Bäckerei Müller an der Obernstraße 51 machte Dr. August Oetker seine ersten Versuche mit Backpulver (Aufnahme aus dem Jahre 1904). Das Gebäude ist auch heute noch erhalten* ▷

*Das historische Gewölbe des Alten Rathauses, auf dessen Fundamenten jetzt die »Brücke« steht, nach der Trümmerräumung. Es stammt von 1419 und wird jetzt nicht etwa als Bürgertreffpunkt, sondern als Kulissenlager genutzt*
▽

*15. Juli 1963: Bundespräsident Heinrich Lübke und seine Frau Wilhelmine besuchen Bethel. Zusammen mit Pastor Friedrich von Bodelschwingh (rechts mit erhobener Hand) und Pastor Hermann Wilm machten die hohen Gäste einen Rundgang durch den Anstaltsbereich*

Ein politisches Zwischentief gab es erstmals 1952, als die SPD, obwohl sie sich bei der Wahl von 34130 auf 43754 Stimmen steigern konnte, ihre absolute Mehrheit im Rat einbüßte, weil auch die FDP (von 9375 auf 21347) Stimmen erheblich aufholte, während die CDU (von 23151 auf 19858 Stimmen) leicht zurückging und der BHE mit 7577 Stimmen neu in den Rat der Stadt einzog. 23 SPD-Sitzen standen 11 FDP-, 10 CDU- und 4 BHE-Mandate gegenüber, die ausreichten, den Freidemokraten Dr. Hermann Kohlhase zum Oberbürgermeister zu wählen und damit der stärksten Partei, entgegen dem Brauch, den Vorsitz vorzuenthalten.

Damals verschlechterte sich das Klima im Rat zusehends, und schließlich hat auch wohl Dr. Kohlhase den Tag seiner Wahl für den »unglückseligsten seines Lebens« gehalten, denn die Umstände, unter denen er, der später Minister in Düsseldorf werden sollte, nach zwei Jahren abgewählt wurde, waren mehr als unrühmlich. Der BHE-Vorsitzende (und Bürgermeister) Martin Vogeler warf ihm vor, er mache alles nur mit der linken Hand.

Der Abwahl, die damals einer Sensation gleichkam, war eine Begegnung Vogelers mit dem damaligen stellvertretenden SPD-Fraktionsvorsitzenden Kralemann vorausgegangen, um die Vogeler gebeten und bei der er angekündigt hatte, er werde Kohlhase seine Stimme nicht mehr geben. Ladebeck lehnte, als er von dem Gespräch erfuhr, jegliche Kungelei vor der Abstimmung ab. Konzessionen dürften nicht einmal andeutungsweise gemacht werden – was aber die SPD nicht hinderte, anschließend Vogeler mit dazu zu verhelfen, daß er mit 26:20 Stimmen bei der Wahl des ersten Stellvertreters den von der CDU vorgeschlagenen FDP-Ratsherrn Walter Buddeberg ausstach.

Der Streit ging noch eine Weile weiter. Kohlhase und Vogeler machten sich wechselseitig in offenen Briefen Vorwürfe. Als Vogeler den abgewählten Oberbürgermeister zu einer Diskussionsveranstaltung ins Hotel Stadt Bremen einlud, kam dieser nicht, wohl aber eine Anzahl FDP-Parteigänger, die zähneknirschend die 30 Pfennig Eintritt bezahlten, die der BHE verlangte.

*Der erste Tunnelabschnitt der künftigen Stadtbahn wurde im Spätsommer 1971 im Bereich Herforder Straße in Betrieb genommen. Dann jedoch kam das Projekt ins Stocken, das einmal die Verkehrssituation in Bielefeld entscheidend verbessern soll. Erst Ende 1976 gab der Bund das Startzeichen für den Weiterbau*

Diese Partei konnte sich allerdings nicht lange im Bielefelder Parteienspektrum halten. Schon bei der Kommunalwahl 1956 schied sie aus dem Rat aus, nachdem Vogeler einen letzten Versuch gemacht hatte, unter der Flagge des BHE einen Bielefelder Bürgerblock mit »Kandidaten ohne Parteipolitische Bindung in der Liste Martin Vogeler« auf die Beine zu stellen, alles Kandidaten, wie es in Presseverlautbarungen hieß, die keinem Parteivorstand gehorchten und Herren ihres freien Willens seien. Als der Wahlausschuß wegen dieser merkwürdigen Wahlwerbung die Kandidaten des BHE ablehnte, kam es zu einer Beschwerde vor dem Landeswahlausschuß, der schließlich lediglich die Vorschläge für die Wahlbezirke billigte, die Reserveliste jedoch ablehnte. Mit unter 5 Prozent der Stimmen blieb die Vertriebenenpartei auf der Strecke. Auch eine Klage vor dem Verwaltungsgericht verlief wie das Hornberger Schießen.
Für die SPD kam 1961 abermals eine »Durststrecke«, als nach der Kommunalwahl am 19. März kein eindeutiger Sieger feststand. Zwar hätten die Sozialdemokraten mit ihren 24 Ratssitzen als stärkste Fraktion den Oberbürgermeister für sich beanspruchen können, aber die 18 CDU- und 6 FDP-Ratsherren lehnten dies ab. In dieser Pattsituation, die keine fruchtbare kommunalpolitische Arbeit zu ermöglichen schien, schlossen die Parteien eine einigermaßen denkwürdige Vereinbarung ab, die unter anderem regelte, daß der Rechtsanwalt Dr. Rudolf Nierhoff (CDU) für die erste Hälfte der Legislaturperiode den Vorsitz im Rat haben und dann von Herbert Hinnendahl (SPD) abgelöst werden sollte. Reibungslos und völlig unbemerkt von der Öffentlichkeit klappte auch eine – dem im britischen Parlament üblichen »pairing« nachempfundene – Regelung, mit der die Parteien dafür sorgten, daß bei Abstimmungen das Gleichgewicht der Kräfte nicht gestört wurde. Vor Beginn jeder Ratssitzung stellten die drei Fraktionsvorsitzenden fest, wer entschuldigt abgemeldet war, und fehlte jemand auf der einen Seite, so entband die stärker vertretene Seite so viele ihrer Mitglieder von der Teilnahme an den Abstimmungen, wie nötig war, damit niemand durch Urlaub und Krankheit ins Hintertreffen geriet.
Aus jenen Tagen scheint auch der Brauch herzurühren, daß Bielefelder Ratsmitglieder zwischendurch den Sitzungssaal verlassen, um draußen auf dem Flur zu rauchen und zu plaudern, was Herbert Hinnendahl, wie man weiß, stets mit einigem Mißfallen von seinem Podium aus beobachtete. Mit Hilfe einer Strichliste stellte er einmal fest, daß das SPD-Ratsmiglied Heinz Hunger während einer Sitzung 13mal den Saal verlassen hatte – und er hielt es ihm auch vor.

Es hat in all den Jahren viele heftige Debatten im Rat der Stadt gegeben, über die Konfessionsschulen und schließlich über die Gesamtschule, die die CDU immer (aber in der Hauptsache nur wegen der Kosten, die sich schließlich auf insgesamt 58 Millionen verdoppelten) energisch ablehnte.
Bei allen sachlichen Gegensätzen jedoch waren die guten menschlichen Beziehungen, die meistens das Klima im Rat bestimmten, mitentscheidend dafür, daß es im Bielefelder Rat kaum auf »Hau und Stech« ging, obwohl es da sicher eine Anzahl kantiger Persönlichkeiten gegeben hat. Zum Beispiel:
Dr. Viktoria Steinbiß, Trägerin der Paracelsus-Medaille und Vertraute Adenauers, der eines Tages seinem Außenminister vorhielt: »Herr Schröder, wat ick noch sajen wollte – die Frau Steinbiß hat jesagt, Sie sind eine janz unjehörige Mensch« – worauf der Ästhet im Außenamt ungerührt geantwortet haben soll: »Wenn Frau Steinbiß das sagt, soll es wohl stimmen!«
Zu den Ratsmitgliedern, die man nicht so schnell vergißt, gehören auch der Freidemokrat Walter Buddeberg, der nichts Wichtigers kannte als »Kunst am Bau«, und der es verstand, den ganzen Rat mit ausführlicher Darlegung von Bebauungsplänen in die Flucht zu schlagen, sowie der langjährige FDP-Fraktionsvorsitzende Prof. Dr. Helmut Gerloff, der kein Verkehrsthema ausließ, sich stets für bessere Straßenquerschnitte einsetzte und eines Tages das

*Dr. Ernst Leffers übergibt bei der Eröffnung der Fußgängerzone Bahnhofstraße den von ihm gestifteten Spindelbrunnen (»Die Preisspirale«) an die Bürger der Stadt*

Mißgeschick hatte, daß Techniker der Stadtwerke, deren Aufsichtsrat er angehörte, in seinem Keller eine Wasseruhr verkehrt herum einbauten, so daß er plötzlich eine astronomisch hohe Wasserrechnung bekam.

Fritz Vogt (SPD), lange Jahre Bürgermeister, ist da auch zu erwähnen, ein Sportfunktionär, der bis ins hohe Alter die Riesenwelle schaffte und sich vor allem für den Ausbau der Bezirkssportanlage Rußheide einsetzte, deren Zuschnitt der Trainer der Deutschen Zehnkämpfer und damalige Bielefelder Sportrat, Friedel Schirmer, so leichtathletikgerecht entwickelt hatte, daß diese Sportstätte in den folgenden Jahren wiederholt Schauplatz internationaler Wettkämpfe war.

Unvergessen ist neben dem stets um Sachlichkeit bemühten langjährigen Finanzausschußvorsitzenden Kuno Wirsich (SPD) auch der SPD-Bezirksvorsitzende und Verleger der »Freien Presse«, Emil Groß, der als langjähriges Mitglied des Rates und des Landtages sozialdemokratische Politik entscheidend mit beeinflußt hat. »Junge, mach's gut!« pflegte er zu sagen, und »Klarer Fall« – für ihn gab es keine Probleme. Er steckte immer voller Ideen und Pläne, und er schien keinen Schlaf zu brauchen, denn nachts saß er bis zum Andruck der Bielefelder Stadtausgabe, gegen vier Uhr, an seinem Schreibtisch, und morgens um zehn Uhr sah man ihn schon wieder auf dem Weg ins Pressehaus. Selbst bittere Wahlniederlagen schien er mühelos zu verkraften. »Der Wahlkampf beginnt in diesem Augenblick!« pflegte er zu sagen, wenn eben das Endergebnis feststand. Daß er ebensoschnell, wie er nachts in weißen Turnschuhen treppauf treppab durchs Pressehaus lief, um das Licht in verlassenen Redaktionsräumen auszuknipsen, gelegentlich auch übers Ziel hinausschoß und durch überraschende »Eingebungen« seine Fraktion in Verlegenheit setzte, machte ihn wohl auch zu einer der liebenswürdigsten Erscheinungen der kommunalen Szene.

Auch die Christdemokraten Johann Dietrich Broelemann, lange Zeit Bürgermeister, und Richard Dohse, wie jener von Haus aus Fabrikant der Kalenderbranche, haben sich lange Zeit um Sachlichkeit in der Kommunalpolitik bemüht. Beide waren gleichsam die letzten bedeutenden Vertreter einer Ära, in der die CDU eine reine Honoratiorenpartei war. Gegründet im Jahr 1946 unter anderem von Dr. Viktoria Steinbiß, Franz Biermann und Georg Lange, der auch der erste Kreisvorsitzende war, kam die Union in Bielefeld in den fünfziger und sechziger Jahren über 500 Mitglieder nie hinaus, und erst 1970, als das Gebiet Schloß Holte-Stukenbrock mit seinem katholischen Bevölkerungsanteil vorübergehend zum Kreis Bielefeld kam, wuchs auch der CDU-Kreisverband auf 850 Mitglieder. Der eigentliche Wandel zur Mitgliederpartei vollzog sich während der sozialliberalen Koalition in Bonn, in den Jahren nach 1972. Von damals 1200 Mitgliedern bauten die Christdemokraten ihre Basis in Bielefeld immer weiter aus und meldeten im Juni 1977 schließlich 2350 Mitglieder.

Die SPD hatte 1950 (umgerechnet auf das Stadtgebiet nach der Gebietsreform) einen absoluten Höhepunkt mit 9912 Mitgliedern. Von da ab ging die Zahl ständig zurück:

*Kulturpreisverleihung an Prof. Rudolf Dirksen (zweiter von links) und Heinrich Werk (vierter von links), 1975*

1960 waren es 9372, 1970 jedoch nur noch 7264 Mitglieder, ein zum Teil durch Überalterung erklärbarer »Abschmelzprozeß«, der bis 1976 (7237 Mitglieder) anhielt und dann stagnierte. Man sollte dabei jedoch wissen, daß die Bielefelder SPD mit ihrer Mitgliederdichte immer noch an dritter Stelle im Bundesgebiet liegt.

Wenn auch die CDU nicht einmal über den dritten Teil des Rückhaltes verfügt, den die SPD vorweisen kann, so scheint doch die Tendenz der Wahlausgänge seit 1970 auf einen allmählichen Kräfteausgleich hinzudeuten. Zumindest sind die Christdemokraten, die in den fünfziger Jahren ihre Wahlkämpfe oft vor leeren Sälen austragen mußten und selbst bei Adenauerkundgebungen in Zelten Eintrittskarten für 50 Pfennig verkauften, um ihre Kasse zu füllen, inzwischen aus dem Schatten der Sozialdemokraten herausgetreten.

1975 war die CDU nahe daran, mit der SPD gleichzuziehen, denn von 67 Sitzen im Rat holte sie 30, zwei weniger als die SPD, die mit der FDP (5 Sitze) eine Vereinbarung abschließen mußte, um abermals den Oberbürgermeister stellen zu können. Dabei ist allerdings ziemlich ungeklärt, ob dieses Kommunalwahlergebnis nicht doch wegen der voraufgegangenen Gebietsreform als irregulär zu bezeichnen war, denn der Kreis war stets eine Domäne der Sozialdemokraten gewesen, die hier nacheinander folgende Landräte stellten: Artur Ladebeck (21. 6. 45 – 31. 12. 45, von den Alliierten eingesetzt), Kurt Baurichter (15. 2. 46 – 27. 8. 47), Franz Specht (28. 8. 47 – 13. 4. 61), Erich Deppermann (14. 4. 61 bis zu seinem Tod am 17. 8. 63), Else Zimmermann (25. 10. 63 – 6. 11. 67) und Klaus Schwickert (6. 11. 67 – 31. 12. 72). Auch die Verwaltungschefs waren Sozialdemokraten: Oberkreisdirektor Helmut Schütz (9. 4. 46 – 31. 1. 71) und sein Nachfolger Hans-Martin Kahler (1. 2. 71 – 31. 12. 72).

In den meisten Gemeinden hatte die SPD ebenfalls stets die absolute Mehrheit. So gab es nach der Wahl des Jahres 1964 nur neun von 28 Gemeinden, in denen dies nicht der Fall war. Eine Reihe von Bürgermeistern und Amtsbürgermeistern – wie Heinrich Burhorn (Kirchdornberg), August Bökenbrink (Senne I), Walter Brunemeier (Ummeln), Heinrich Horstmann (Heepen), Wilhelm Weber (Dornberg), Fritz Menke und sein Nachfolger Heinz Schmitt (Brackwede), Paul Husemann (Brake), Walter Werning (Hillegossen), und Gustav Twellenkamp (Vilsendorf), nicht zuletzt aber Hans Vogt (Sennestadt) – machten sich sehr verdient.

Stadtgeschichte wurde indessen nicht nur von Kommunalpolitikern geschrieben. Auch außerhalb des Stadtparlaments gab es Männer und Frauen, die am Werden und Wachsen Bielefelds mitgewirkt und Bielefeld auf die eine oder andere

Weise ihren Stempel aufgedrückt haben. Einige von ihnen bekamen den Kulturpreis der Stadt, so Dr. Else Buddeberg (Literaturwissenschaft), Wilhelm Heiner (Malerei), Ing. Johannes Sobisch (Technik), Professor Paul Grießer (Architektur), Generalmusikdirektor Bernhard Conz (Musik), Prof. Dr. Gustav Engel (Heimatforschung), Friedrich Oberschelp (Kinderchor), Dr. Ernst Bacmeister (Literatur), Dr. Heinrich Becker (Gründer des Kunsthauses), Dr. Fritz Koppe (Naturwissenschaft), Prof. Thyra Hamann-Hartmann (Textile Flächenkunst), Museumsdirektor Dr. Joachim Wolfgang von Moltke, Gustav Werk (Konzert- und Vortragswesen), Prof. Dr. Rolf Dircksen (Naturwissenschaft) und Fritz Aul (Filmkunst).

An einem Mann, dessen Wirken von Bedeutung für Bielefeld war, kommt man bei Darstellung der Nachkriegsgeschichte mit Sicherheit nicht vorbei: Pastor Karl Pawlowski, den Leiter und Gründer des Evangelischen Johanneswerks, den seine Mitarbeiter kurz »den Paw« nannten, einen von Ideen übersprudelnden Seelsorger, für den christliche Nächstenliebe eine Menge mit tatkräftigem Pragmatismus zu tun hatte und der als »Kaufmann des Herrn« mit seinem wachen sozialen Gewissen und seiner urwüchsigen Vitalität Berge wegzuräumen wußte, die der Glaube allein nicht versetzen konnte. Daß er – nebenbei gesagt – mit den Verantwortlichen im Rathaus nicht immer ein ungetrübtes Verhältnis

*13. Mai 1975: Der Vater des Bielefelder Kinderchors, Friedrich Oberschelp (Mitte), wird im Vortragssaal des Kunsthauses zu seinem 80. Geburtstag geehrt. Vorn links: Bürgermeister Gisela Schwerdt und Oberbürgermeister Herbert Hinnendahl*

hatte, lag vermutlich auch in seinen unorthodoxen Methoden begründet.
1926 war er als Leiter des Evangelischen Jugend- und Wohlfahrtsamtes nach Bielefeld berufen worden und hatte 1932 die Leitung des Johannesstiftes übernommen, aus dem sich nach dem Zweiten Weltkrieg das Johanneswerk entwikkelte, ein Zusammenschluß von vierzehn Rechtsträgern. Einer von ihnen war auch der Verein Volkslesehalle, den Pawlowski gründete, als er zu Beginn der dreißiger Jahre die Arbeitslosen im Christlichen Hospiz an der Bahnhofstraße um einen Mittagstisch versammelte.
Diakonie war für ihn etwas Umfassendes. Wo andere ausgefahrene Gleise bevorzugten, ging er eigene Wege. Er kaufte als erstes eine magere Kuh, als er das wegen Konkurses geschlossene Erziehungsheim Johannesstift, die von dem Erweckungsprediger Johann Heinrich Volkening gegründete »Westfälische Rettungsanstalt für verwahrloste Kinder« in der Schildescher Heide, übernahm, und fing mit einem freiwilligen Arbeitsdienst wieder an: so machte er aus dem Johannesstift ein Zuhause für hilfsbedürftige Alte.

*Das Christliche Hospiz an der Ecke Bahnhofstraße und Zimmerstraße kurz vor dem Abbruch (1959)*

Pastor Pawlowski war ein Mann, der es verstand, Anstöße zu geben. Er brach die ersten Steine heraus, die andere dann wegräumen mußten, wenn es um das rechtliche Detail ging. Wenn seine Mitarbeiter nach Gesprächen mit ihm oder nach den üblichen Dienstagkonferenzen glaubten, es sei nichts dabei herausgekommen, dann hatte manchmal doch eine Bemerkung am Rande bei ihm eine neue Idee ausgelöst, denn er pflegte die Resonanz zu verarbeiten. So konnte es wohl auch geschehen, daß ihm bei Pressekonferenzen neue Pläne in den Sinn kamen und er darüber zu sprechen begann, als ob sie schon Wirklichkeit seien. Stets hatte er mehrere Kisten »Schwarze Weisheit« im Anbruch, und kaum jemand brauchte in seinem Leben so viele Hüte wie er, denn er ließ sie überall liegen, nicht selten in einem der Düsseldorfer Ministerien, die er immer dann aufzusuchen pflegte, wenn er meinte, irgendeines seiner vielen Projekte schneller voranbringen zu müssen.

Pastor Karl Pawlowski, der nach dem Krieg Leiter des neugeschaffenen Gesamthilfswerks für die britische Zone war und nicht nur entscheidenden Anteil am Aufbau der Flüchtlingsstadt Espelkamp-Mittwald hatte, sondern sich als Vater des Sennetreffens im ganzen Ravensberger Land einen Namen machte, ist sicher nicht mit einem anderen Praktiker der Nächstenliebe, mit Vater Friedrich von Bodelschwingh, zu vergleichen. Er war ein anderer Typ und lebte in einer anderen Zeit. Bethel ist kontinuierlich und weitgehend ortsgebunden gewachsen, das Johanneswerk reichte zeitweise von der Nordseeküste bis zu den Alpen.

Als Pastor Pawlowski am 22. August 1964 im Alter von 66 Jahren starb, gehörten zum Johanneswerk 75 Heime mit über 7000 Betten: Altenpflegeheime, Krankenhäuser und Jugendwohnheime, Sanatorien, Kliniken, Internate und Pflegeschulen. Zwei Monate vor seinem Tode hatte er noch den Grundstein zu einer Klinik für Alkoholkranke gelegt, nahe dem Heidequell in der Senne, wo er vor dem Krieg mit Arbeitslosen Brachland in fruchtbaren Acker verwandelt hatte.

Das große Bundesverdienstkreuz, das er zu seinem 65. Geburtstag erhielt, ist kaum jemals einem verdienstvolleren Manne verliehen worden. Er war einer, der mitzureißen verstand – durch seine Tatkraft, aber auch durch seinen Glauben und seine herzerfrischende Fröhlichkeit, die immer dann zum Ausbruch kam, wenn er auf dem Sennetreffen einige Zehntausend Menschen aufforderte, mit ihm eine Rakete steigen zu lassen. Da konnte es denn auch passieren, daß er vom Rednerpodium herunterrief: »Schwester Anna, wenn Sie sitzen, können wir anfangen – der Sand in der Senne ist ganz sauber!« – ein sicher etwas unkonventioneller

*Pastor Karl Pawlowski, wie ihn die Besucher des Sennetreffens immer wieder erlebten: Er läßt eine »Rakete« steigen*

Auftakt für Gebet und Gesang. Doch wer jemals dabeiwar, spürte: hier steht ein Mensch, dem es ernst ist mit seinem Leitwort »Unser Glaube ist der Sieg, der die Welt überwunden hat« (1. Johannes 5,4).

Auch in den von Bodelschwinghschen Anstalten gab es in diesen Jahren Männer, die sich mit modernen Ideen der Herausforderung der Zeit stellten. Einer von ihnen war Wilhelm Gebauer, der als Leiter der Fürsorgeabteilung von Bethel unmittelbar nach 1945 in einem Lager für Flüchtlinge und Vertriebene aus osteuropäischen Ländern in Augustdorf mit dem Aufbau und der Einrichtung der Werkstätten »Frohes Schaffen« begonnen hatte, aus denen schließlich die heutige Beckhofsiedlung im Stadtteil Sennestadt mit ihren Werkstätten, Wohn- und Altersheimen hervorgegangen ist. Als er 1963 im 63. Lebensjahr einem Herzinfarkt erlag, schrieb Pastor Friedrich von Bodelschwingh: »Im Dienst am notleidenden Menschen hat er sich verzehrt. Ihnen innerlich und äußerlich zu helfen, war ihm Inhalt und Freude seines Lebens«.

*»Tue, was dir unter die Hand kommt« war das Thema des Sennetreffens 1959. Auf dem Rednerpodium Pastor Alex Funke, Witten, der spätere Leiter der von Bodelschwinghschen Anstalten*

*Bürgerprotest verhinderte, daß die alte Bethelpforte, Jahrzehnte hindurch Eingangstor zum Anstaltsbereich, beim Neubau der Bethel-Verwaltung abgerissen wurde. Die dahinterliegenden Gebäude, unter anderem Dankort (rechts), fielen dem Räumbagger zum Opfer*

*Mitten in seiner Gemeinde: der »Vater der Beckhofsiedlung« für heimatlose Ausländer, Wilhelm Gebauer. Ganz rechts Pastor Hardt*

*Als Bundeskanzler Willy Brandt am 25. Juni 1973 Bethel besuchte, befand sich in seiner Begleitung auch Kanzlerspion Günter Guillaume (zweite Reihe mit Brille). In der vorderen Reihe neben Präses Dr. Hans Thimme der Regierungsvizepräsident Hans Winter (zweiter von links), der nach der Gebietsreform für drei Monate kommissarisch die Geschäfte im Rathaus führte, sowie links der SPD-Unterbezirksvorsitzende Karl Josef Denzer. Dahinter (halbverdeckt) Universitätsrektor Prof. Dr. Karl Peter Grotemeyer und Universitätskanzler Dr. Eberhard Firnhaber*

Wilhelm Gebauer war ein Beispiel dafür, daß Bethel nicht denkbar wäre ohne die Hingabe und Schaffenskraft solcher Männer. Der Beckhof, der ursprünglich heimatlosen Ausländern aus zehn osteuropäischen Staaten Arbeit und Geborgenheit gab, beschäftigt heute an die 200 Behinderte und Nichtbehinderte. Er ist ein lebendiger Beweis für die stets aktuelle Weltoffenheit des großen Werkes der Nächstenliebe.

Als Bethel im April 1967 hundert Jahre alt wurde, fuhren an die 4000 Patienten mit Sonderzügen nach Dortmund, um dieses Ereignis in der Westfalenhalle zu feiern. Männer wie Pastor Friedrich von Bodelschwingh, der am 5. Juni 1977 im Alter von 75 Jahren verstorbene Enkel des Gründers, und Pastor Rudolf Hardt, der mit ihm zusammen lange Jahre Leiter der von Bodelschwinghschen Anstalten mit ihren 8000 Pflegebefohlenen und über 3000 Mitarbeitern war, haben fraglos entscheidenden Anteil daran, daß auch heute noch gilt, was auf einem Balken der Bethelpforte zu lesen steht: »Zion hat der Herr gegründet und daselbst werden die Elenden seines Volkes Zuversicht haben.« Es ist der erste Vers des 126. Psalms, den der große Krankenchor bei festlichen Anlässen singt, wie zum Beispiel bei den Hundert-Jahr-Feiern der Westfälischen Diakonissenanstalt Sarepta (25. April 1969) und der Westfälischen Diakonenanstalt Nazareth (15. Mai 1977) oder aber wenn es gilt, hohe Gäste zu begrüßen.

Das ist vergleichsweise häufig der Fall, denn die Politiker haben offenbar herausgefunden, daß eine Stippvisite in Bethel durchaus öffentlichkeitswirksam ist, vor allem in Wahlzeiten. In Erinnerung ist noch ein Zwanzig-Minuten-Besuch Konrad Adenauers im Bundestagswahlkampf 1957. Nach einem kurzen Gespräch mit der Anstaltsleitung und einem Händedruck für ein Pressefoto fuhr der Alte aus Rhöndorf gleich weiter zur Ravensberger Straße, um dort in einem Zelt zu sprechen, vor dem Tausende warteten, die keinen Einlaß gefunden hatten. Jovial winkend klärte er die Menge über den Grund seiner Verspätung auf: »Ick komme jrade aus Bethel«, rief er, und konnte sich anschließend gar keinen Reim darauf machen, daß da etliche Leute laut lachten.

*Der Erzbischof von Canterbury, Dr. Arthur Ramsey, wird am 11. November 1964 in Bethel empfangen. Links Prof. Luck, der Rektor der Kirchlichen Hochschule, und Pastor Hermann Wilm, der Stellvertretende Anstaltsleiter, rechts der Präses der Evangelischen Landeskirche von Westfalen, D. Ernst Wilm*

*Das 1882 errichtete Brüderhaus der Diakonenanstalt Nazareth, die im Mai 1977 ihr hundertjähriges Bestehen feierte, ist inzwischen auch durch einen Neubau ersetzt worden. Die Zielsetzung der Betheldiakone aber ist noch wie am Anfang tätige Nächstenliebe*

Bundespräsident Heinrich Lübke war ebenso Gast in Bethel (15. 7. 63) wie sein Nachfolger Dr. Gustav Heinemann (10. 3. 71), der aber auch schon als Mitglied der Synode der Evangelischen Kirche Deutschlands im Assapheum geweilt hatte. Weitere Besucher waren der Erzbischof von Canterbury, Arthur Ramsey (11. 11. 64), der Erzbischof Spiridon, Metropolit von Rhodos und Stellvertreter des Patriarchen von Konstantinopel (17. 12. 64), Bundesarbeitsminister Hans Katzer (1969) und auch Bundeskanzler Willy Brandt, der den von Bodelschwinghschen Anstalten am 25. Juni 1973 einen Besuch abstattete, übrigens in Begleitung des

*Bundespräsident Gustav Heinemann, dessen Tochter in Bielefeld lebt und der oft privat in den Mauern der Stadt weilte, macht dem Rathaus und den Bürgern der Stadt seinen Abschiedsbesuch (1974)*

Kanzlerspions Günter Guillaume, den der Verfassungsschutz zu diesem Zeitpunkt bereits beobachtete. Für einen kurzen sonnigen Nachmittag weilte an jenem Tag die große Politik in den Mauern Bielefelds. So jedenfalls meinten viele Tausende, die dem Bundeskanzler und Friedensnobelpreisträger zujubelten. Erst später sollten sie erfahren, wie schmal der Grat ist, auf dem Politiker oft gehen müssen.

Meistens unbemerkt kam ein hoher politischer Gast nach Bielefeld, dessen Tochter Christa hier mit dem Fabrikanten Eduard Delius verheiratet ist: Bundespräsident Gustav Heinemann. Er wünschte kein Aufsehen und schon gar keine Presse. Vielen Bielefeldern ist es im ersten Augenblick gar nicht bewußt geworden, wenn ihnen da auf einem Spaziergang, die Enkel an der Hand, an einem Sonntagmorgen plötzlich der Bundespräsident in der Stadt begegnete, in der er sich wahrscheinlich häufiger aufgehalten hat als zu seiner Zeit der Stadtgründer Graf Hermann III. Seine Frau kam gelegentlich nach Bielefeld, um sich beim Starcoiffeur und Weltmeister Michael Rosinsky die Haare für einen Staatsempfang machen zu lassen.

Als der »Bürgerpräsident« 1974 aus dem Amt schied, ließ er es sich nicht nehmen, seinen Namen in das Goldene Buch der Stadt einzutragen und am erstmals stattfindenden Leinewebermarkt teilzunehmen, der inzwischen so große Popularität bei den Bielefeldern gewonnen hat, daß alljährlich mehrere hunderttausend Besucher gezählt werden. Gustav Heinemann hatte mehr Spaß an dem Fest als seine Bewacher, die ihn nur mit Mühe im Auge behalten konnten. Am liebsten wäre der Präsident sowieso ohne sie ausgekommen. So fand er es auch überflüssig, daß Landespolizisten am Weserufer standen und Beamte der Sicherungsgruppe Bonn im Motorboot mitfuhren, als er einmal mit seinen Angehörigen im Paddelboot eine Ausflugstour von Polle bis Bodenwerder machte.

So wenig die Stadt Bielefeld jemals im Brennpunkt der Geschichte gestanden hat, so sehr hat sie sich doch auf ihre Art bemüht, einen Beitrag zur großen Politik zu leisten, und dies sicher nicht zuletzt nach dem Gesetz, unter dem sie einst angetreten ist: Wie es einer Stadt zukommt, die für Kaufleute gegründet worden ist und als einstige Hansestadt schon sehr früh wirtschaftliche Verbindungen bis in die entferntesten Winkel Europas unterhalten hat, bemühte sich Bielefeld gleich nach dem Krieg, neue Freundschaften mit den Nachbarländern zu knüpfen.

△ *Jahr für Jahr kamen viele ausländische Besuchergruppen nach Bielefeld. Verkehrsdirektor Josef Fuchs (rechts) empfing sie zusammen mit Dr. Rudolf Hermann, dem unermüdlichen Förderer des Jugendaustausches, vor dem Rathaus*

*Cyril Smith, Bürgermeister der Partnerstadt Rochdale, im April 1967 bei einem Besuch in der Lehrküche des HdT. Er gilt mit seinen 365 Pfund Lebendgewicht als der schwergewichtigste Abgeordnete des britischen Unterhauses* ▽

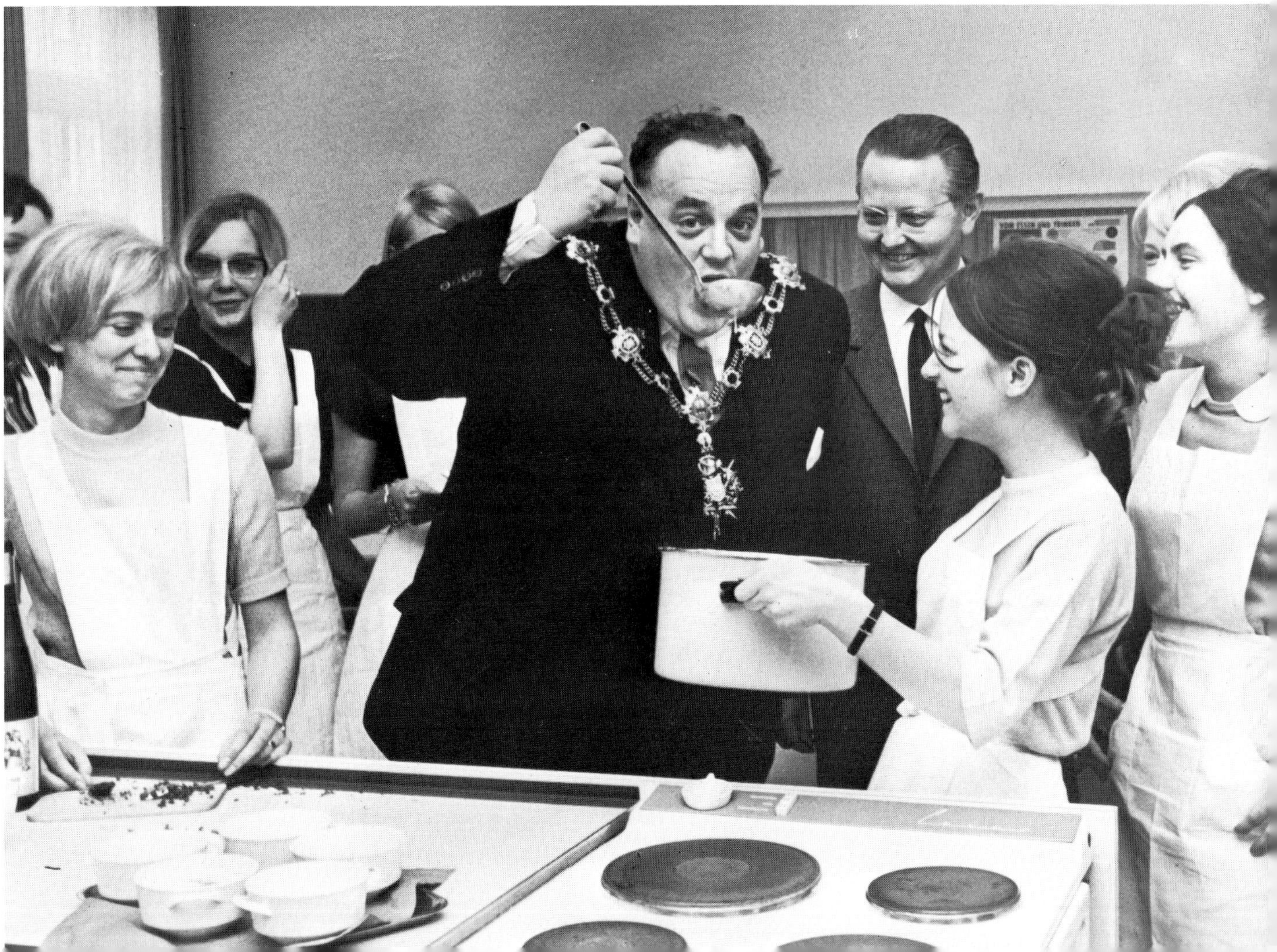

*Bielefelder Ratsdelegation 1961 in der Partnerstadt Rochdale: Sozialdezernent Wilhelm Niemeyer, Wilhelm Blome, Martin Grützmacher, Walter Buddeberg und Willi Kralemann mit einem Vertreter der Stadt Rochdale (v. l. n. r.)*

Der Kammerchor der Cecilienschule, aus dem später der Jugendkammerchor hervorging, trat am 14. April 1950 als erster westdeutscher Chor eine Reise nach England an. Die neunzehn Mädchen und acht Jungen, die unter der Leitung von Friedrich Feldmann, in den Haller Willem stiegen, waren sich indessen kaum bewußt, daß ihre Fahrt mit ein Auftakt für einen regen internationalen Jugendaustausch war, der mit den Jahren immer größere Formen annahm. Vor allem Dr. Rudolf Hermann und sein Arbeitskreis Internationale Begegnung waren Schrittmacher auf dem Wege zu einer besseren Verständigung unter den Völkern. Einer der britischen Partner, die den Bielefeldern damals die Hand reichten, brachte es zu einem hohen Bekanntheitsgrad in Bielefeld: Mr. Jesse Kinch, auch Mr. Jolly Good genannt, von den Ost-Londoner Worldfriends. Nicht unerwähnt sei auch Verkehrsdirektor Josef Fuchs, der Bielefeld vor allem den Holländern »schmackhaft« zu machen versuchte. Zu einem wahren Eckpfeiler der internationalen Beziehungen Bielefelds wurde indessen Johannes Schwabe, der immer als Dolmetscher und aufmerksamer Betreuer dabeiwar, wenn ausländische Gäste in der Stadt weilten. Mit den Jahren entwickelte er eine nahezu unnachahmliche Perfektion, selbst die trockensten Reden zum Blühen zu bringen und so mit Bonmots anzureichern, daß die internationale Begegnung einfach nicht anders konnte – sie mußte funktionieren. Die britische Königin dankte es ihm denn auch, indem sie ihn im Oktober 1970 zum »Honorary Officer of the civil division of the most excellent Order of the British Empire (OBE)« ernannte. Auch Schwabes Verdienst ist es sicher zu einem großen Teil, wenn sich die Beziehungen zwischen der Bielefelder Bevölkerung und den in der Stadt stationierten britischen Streitkräften immer harmonischer gestalteten. Ein deutsch-britischer Ausschuß hat das Seine dazu stets beigetragen.

*Viele tausend Bielefelder haben immer wieder Freude an der »Massed Bands Parade«, die das 1. Britische Corps seit 1965 alle zwei Jahre in der Radrennbahn veranstaltet – als Geschenk an die Bevölkerung der Stadt*

*Die Schutterij Enschede vor dem Bielefelder Rathaus (14. Juni 1964). Der Besuch unterstrich die guten Beziehungen, die die Stadt zum Nachbarland Holland unterhält*

Besonderes Gewicht hat überdies immer die Partnerschaft zwischen den beiden Textilstädten Bielefeld und Rochdale gehabt, die bis auf den Mai des Jahres 1953 zurückreicht und ihren Ursprung in Beziehungen hatte, die damals der DGB-Sekretär Felix Kyora mit der britischen Kleinstadt im Weichbild Manchesters anknüpfte, die als Wiege der Konsumgenossenschaften gilt. Diese Partnerschaft ist niemals durch den Austausch von Urkunden oder auch nur durch einen Beschluß des Hauptausschusses des Rates bekräftigt worden, sie lebte immer durch das Engagement einzelner Menschen, wie Mr. C. E. »Jim« Noble, Rochdales Partnerschafts-Manager, und Cyril Smith, mit 365 Pfund nicht nur Englands schwerster Unterhausabgeordneter, sondern zugleich leibhaftige Verkörperung einer Städtefreundschaft,

*Generalleutnant Sir John Mogg, Kommandeur des 1. Britischen Corps, ließ 1965 für die Stadt und ihre Bürger zum erstenmal eine Musikparade auf der Radrennbahn veranstalten*

die mehr zuwege brachte als nur den Austausch städtischer Delegationen und die ihr sichtbares Symbol in einer »Bielefeld-Bridge« fand, die der Herzog von Edinburgh im Oktober 1976 in Rochdale einweihte.

Daß Bielefeld nunmehr auch Partnerstadt der kleinen Stadt Concarneau in der Bretagne geworden ist, ist eine Folge der Gebietsreform: Das Rathaus übernahm mit der Gemeinde Senne I auch deren internationale Verbindungen und will sie weiterpflegen. Im September 1977 bekräftigte Oberbürgermeister Klaus Schwickert, daß die Stadt Bielefeld auch die seit vielen Jahen bestehenden freundschaftlichen Beziehungen Brackwedes zur nordirischen Stadt Enniskillen weiter pflegen werde.

Ein besonderer Aktivposten auf dem Gebiet der internationalen Beziehungen ist jahrzehntelang der Bielefelder Kinderchor gewesen: Durch mehrere Reisen nach England, durch Konzerte in Chicago (1969), auf der Weltausstellung im japanischen Osaka (Mai 1970) und in Moskau (1976) haben die kleinen Sänger aus Bielefeld mehr für das Ansehen der Stadt getan, als mancher sich träumen läßt.

Einer der Höhepunkte internationaler Beziehungen war fraglos eine französische Woche im September 1967, und zwar um so mehr, als die Kontakte der Bielefelder zu Frankreich, aus welchen Gründen auch immer, sonst eine untergeordnete Rolle spielen. Die Franzosen kamen den Bielefeldern vor allem mit Käse und Kultur. Ihren ebenso eleganten wie geistreichen Botschafter François Seydoux de Clausonne brachten sie gleich mit. WDR-Studioleiter Werner Höcker, der sich vorgenommen hatte, ihn in einem Interview in Verlegenheit zu bringen, indem er ihn nach der neuesten Pariser Mode fragte, erlebte eine Überraschung: »O lala – isch habe vier Töchter, da habe isch täglich mit Mode zu tun«, belehrte ihn der Botschafter und trat sogleich den Beweis dafür an.

Mehr noch als die üblichen Redensarten über die Notwendigkeit der europäischen Einigung mögen den Bielefeldern die Gaumenfreuden in Erinnerung sein, die die Franzosen ihnen damals mit Austern, Schnecken und Froschschenkeln bereiteten. Einige Großhändler sollen für über eine halbe Million Mark Ware auf den Bielefelder Markt geworfen

*Am 13. Mai 1970 sang eine Gruppe des Bielefelder Kinderchors auf der Weltausstellung in der japanischen Stadt Osaka*

*Zur Erinnerung an die Patenstadt Gumbinnen wird 1962 im Bürgerpark ein Elch-Denkmal aufgestellt. Der Elch zieht nach Westen*

haben, wohl eingedenk der Erkenntnis Friedrichs des Großen, daß »alle Kultur vom Magen« komme, was darauf schließen läßt, daß der Preußenkönig nie unter Magengeschwüren, Sodbrennen und Völlegefühl gelitten hat.
Vergessen waren die Zeiten eines Marquis de Marcieu, dessen Kavallerie im Siebenjährigen Krieg die Bielefelder Bleichen geplündert hatte, und der dann zwanzig Jahre später, von seinem Gewissen geplagt, dem Rat der Stadt unaufgefordert 800 Reichsthaler in blankem Gold zur Wiedergutmachung schickte. Auch an das Jahr 1808 dachte während der französischen Woche niemand. Es markiert einen anderen Glanzpunkt der Bielefelder Beziehungen zu Frankreich: Als damals nämlich Napoleons Bruder Jérôme, der junge Herrscher des Königreichs Westfalen, nach Bielefeld kam, stellte der Syndikus Hoffnauer anläßlich einer befohlenen Illumination eine einzige Kerze ins Fenster und dazu ein Schild mit dem Vers: »Die Größe gibt sich selbst das Licht, bedarf der vielen Lichter nicht – drum leucht' ich auch so wenig für meinen großen König!«

Etwas von der Gelassenheit jenes Syndikus müssen die Bielefelder des Jahres 1967 auch wohl empfunden haben, denn »Vive la France« hörte man höchstens zu fortgeschrittener Stunde am Weinbrunnen. Ein Kleingärtner, offenbar verdrossen über die vielen Zeitungsberichte, schrieb seiner Lokalredaktion, es sei nun eine ganze Woche lang alles mögliche über Frankreich geschrieben worden, aber – verdammt noch mal – das Franzosenkraut in seinem Garten habe man vergessen.

Wenn von Partnerschaft die Rede ist, dürfen auch die Patenschaften nicht vergessen werden, die eine nicht unwesentliche Rolle im Leben Bielefelds spielen. In der am 15. Mai 1954 von Oberbürgermeister Dr. Hermann Kohlhase unterzeichneten Urkunde, mit der die Stadt die Patenschaft über Stadt und Kreis Gumbinnen in Ostpreußen übernahm, wird bekräftigt, daß es darum geht, »besonders eindringlich den Willen zu bekunden, das Bewußtsein der Zusammengehörigkeit mit den Heimatvertriebenen in Anknüpfung an das geistige Erbe des deutschen Ostens zu vertiefen«.

Als 1973, im Zusammenhang mit den (allerdings vergeblichen) Bemühungen der Deutsch-polnischen Gesellschaft, Beziehungen auch zu einer polnischen Stadt anzuknüpfen, die Behauptung aufgestellt wurde, die Patenschaften Bielefelds zu ehemals ostdeutschen Städten widersprächen dem Geist des Warschauer Vertrages und seien ein Relikt des kalten Krieges, stand die Stadt treu zu ihrem einmal gegebenen Versprechen, wohl auch nicht zuletzt deshalb, weil die Gumbinner niemals in 25 Jahren durch revanchistische Aktionen das Patenschaftsverhältnis belastet haben. Ihnen geht es wie den Wansenern (seit 24. Oktober 1956 Paten des Kreises Bielefeld) und den Münsterbergern (seit 8. Mai 1958 Paten der Stadt Brackwede), die seit der Gebietsreform ebenfalls von Bielefeld betreut werden: sie pflegen den Zusammenhalt untereinander und das Kulturgut, das sie in den Westen Deutschlands mit hinüberretten und in das Leben dieser Stadt einbringen konnten.

Welchen Weg Bielefeld gehen wird, ob die Stadt in weiteren 25 Jahren ihr Gesicht noch einmal gründlich wandelt wie in den Jahrzehnten nach dem Krieg, ob es neue wirtschaftliche Umschichtungen und auch Rückschläge wie die Ankerpleite geben wird und ob es schließlich gelingt, den Anspruch, der in dem Werbeslogan »die freundliche Stadt am Teutoburger Wald« liegt, in allen Lebensbereichen überzeugend zu verwirklichen – das alles hängt nicht zuletzt davon ab, ob es auch in Zukunft Menschen in dieser Stadt gibt, die für Bielefeld eintreten und bereit sind, das eigene Wohl dem der Allgemeinheit unterzuordnen.

*Erhalten gebliebene und restaurierte Reste von Alt-Bielefeld an der Welle. Rechts das Kulturhistorische Museum, an dessen Stelle der urspüngliche Besitzer ein Geschäftshaus errichten wollte.*

*Das Haus Westerfeldstraße 4 sollte im Rahmen der Ortskernumgestaltung von Schildesche eigentlich abgerissen werden. Zum Glück blieb es bis jetzt erhalten (1977)*

*Der Malerwinkel von Schildesche – wie lange noch?*

*Der älteste Holzbackofen Bielefelds, ein sogenannter Königswinter-Ofen aus dem Jahre 1904, in dem Bäckermeister Hermann Bollmann mit Hilfe von zwei Zentnern Buchenholz täglich 133 Drei-Pfund-Brote backte, wurde im März 1977 außer Betrieb gesetzt*

Die Ravensberger Eisenhütte Reinshagen und Vogt an der Jöllenbecker Straße wurde wegen des Ostwestfalendammes verlagert und abgebrochen

*Beispiel einstigen Kaufmannsstolzes: die Villa Delius am Albrecht-Delius-Weg 4. Das Foto entstand 1949 vor der Trümmerräumung*

◁ *Die Ravensberger Spinnerei und ihre Erhaltung beschäftigten den Rat der Stadt immer aufs neue, nachdem Bürger gegen den Abbruch Front gemacht hatten. Bei einer Besichtigung des Gebäudes (v. l. n. r.) Kulturbeigeordneter Dr. Helmut Aufderheide, Stadtkämmerer (und späterer Oberstadtdirektor) Herbert Krämer, Grundstücksdezernent (und späterer Stadtkämmerer) Dr. Eberhard Munzert, SPD-Fraktionsvorsitzender Wilhelm Kralemann, Oberbürgermeister Herbert Hinnendahl und (halbverdeckt) Lotte Gröndahl (1972)*

*Die mechanische Weberei AG an der Teutoburger Straße wurde – unter Bewahrung der Backsteinfassade – nach der Stillegung in einen Verbrauchermarkt umgewandelt*

*Der Backsteinbau der Phönix-Nähmaschinenwerke an der Kleinen Bahnhofstraße steht nicht mehr*

*Der kurz vor der Jahrhundertwende errichtete Fabrikbau der Kochs-Adler-Nähmaschinenwerke gilt als ein Musterbeispiel des Jugendstils im Industriebau. Wenn dieses Buch erscheint, ist sein Schicksal besiegelt: der Ostwestfalendamm geht demnächst mitten durch das Gelände*

*Die Anker-Werke, Jahrzehnte hindurch eine der Hauptstützen der Bielefelder Wirtschaft, gingen Mitte der siebziger Jahre in Konkurs. Einige tausend Beschäftigte wurden arbeitslos*

Quellen: Dies Buch ist den Bürgern Bielefelds gewidmet, die sich nach dem Zweiten Weltkrieg für den Wiederaufbau ihrer Stadt eingesetzt haben. Verlag und Verfasser danken allen, die durch Rat und Information mitgeholfen und dokumentarisches Material zur Verfügung gestellt haben. In erster Linie sind zu nennen: das Bielefelder Stadtarchiv und sein Leiter, Dr. Reinhard Vogelsang, sowie der Sachbearbeiter der Westermannsammlung, Hein Struck, ferner das Zeitungsarchiv der Neuen Westfälischen und alle seine Mitarbeiter. Dank gebührt auch den städtischen Baudirektoren Dieter Greve und Roland Seredszun sowie Stadtgartenbaudirektor Alfred Gehrke und Museumsdirektor Dr. Ulrich Weisner, dem Statistischen Amt der Stadt und der Stadtkämmerei, hier vor allem Oberverwaltungsrat Siegfried Wenig. Material stellten zur Verfügung die Pressestellen der Stadt (Günter Ader), der Stadtwerke (Heinz Blome), der Sparkasse (Direktor Werner Henke), der von Bodelschwinghschen Anstalten (Bernhard Gramlich), der Universität (Dr. Gerhard Trott), des Johanneswerks (Ditha Menzel) und des Polizeipräsidiums (Elisabeth Degenhardt). Ermöglicht wurde diese Buchveröffentlichung ferner durch das Entgegenkommen und die Mithilfe der Bielefelder Zeitungsfotografen. Besonders dankbar ist der Verfasser für Hintergrundinformationen, die er von einer Reihe Bielefelder Kommunalpolitiker aller Parteien erhielt, in erster Linie von Alt-Oberbürgermeister Herbert Hinnendahl, und dem ehemaligen SPD-Fraktionsvorsitzenden Wilhelm Kralemann, von Oberstadtdirektor a.D. Heinz Robert Kuhn, Oberkreisdirektor a.D. Helmut Schütz und dem im Juli 1977 verstorbenen ersten Bielefelder Oberstadtdirektor Dr. Eberhard Vincke. Auch Verkehrsdirektor a.D. Josef Fuchs und die Geschäftsführer der SPD (Heinz Hunger) und der CDU (Hans Lummer) gewährten dem Autor bereitwillig ihre Unterstützung.

Die Fotos stammen von: Presse- und Informationsdienst der Bundesregierung (Bildstelle), Hochbauamt und Tiefbauamt der Stadt, Public Relations (Photo Section) HQ British Army of the Rhine, Rochdale Observer, Kicker Sportmagazin, Gundlach AG, Deutsche Presse Agentur, Verlag Keller & Burkhardt, Foto Horstmann, Foto Lohöfener, Wölbin van Dyck, Haeyn & Ulms, Dürkopp- und Ankerwerke, Deutscher Gewerkschaftsbund, Polizei-Bildstelle, Hein Struck, Heinz Blome, Katholisches Dekanat Bielefeld, Dieter Burkamp, Carl Haselhorst, Eduard Heidmann, Vincent Böckstiegel, Josef Hoppe, Hans-Dieter Johner, Christel König, Rudolf Möller, Hans Niessen, Günter Rudolf, Otto Sudmann, Wilhelm Reimers, Helga Wehmeyer, Jürgen Oberschelp/Nitschke. Foto Walkenhorst, Foto Metze, Archiv Stadtwerke. Die Zeichnungen von Alt-Bielefeld schuf Eduard Heterich.

Literaturhinweis: Reinhard Vogelsang: Der Freundeskreis Himmler (Verlag Musterschmidt, Göttingen 1972) – Gottlob Binder: Ein Vorschlag zur Bebauung des Kaiser-Wilhelm-Platzes – eine kommunalpolitische Aufgabe der nächsten Zukunft (Buchdruckerei und Buchhandlung Volkswacht) – Magistrat der Stadt Bielefeld: Buch der Stadt (1926) – Gustav Engel: Bielefeld (Pfeffersche Buchhandlung) – Michael Schibilsky: Blätter aus der Provinz – ein Lesebuch aus dem Alltag irgendwo in Westdeutschland 1950–1975 (Verein für Jugendbildung und Freizeithilfen e.V.) – Bernhard Gramlich: Bodelschwingh, Bethel und die Barmherzigkeit – Universität Bielefeld: Schriften zum Aufbau einer Universität – 60 Jahre Radsport im R.V. Teutoburg – »Ius Statutarium Civitattis Bilefeldiensis oder Bilefeldisches Stadt-Recht und Bürger-Sprache samt beygefügter Policey-Ordnung« (Verlag Justus Tränkner, 1685) – Ursula Niemann: Bürgermeister und Rat in acht Jahrhunderten (Sonderbeilage der Freien Presse »750 Jahre Bielefeld«) – Johannesruf (Ausgabe 3/1964) Heinrich Sunder: Ältestes und jüngstes Zeugnis sakraler Kunst in unserer Stadt (Verpflichtendes Erbe – Katholische Beiträge zur 750-Jahr-Feier der Stadt Bielefeld) – Heinrich Sunder: Der Ikonenaltar in Bielefeld Dt. Jodokus (Verlag Richard Bentrup Bielefeld) – W. Fricke: Geschichte der Stadt Bielefeld und Grafschaft Ravensberg.